我不相信爱情，
我只相信你

陈默安 著

天津出版传媒集团

天津人民出版社

图书在版编目（CIP）数据

我不相信爱情，我只相信你 / 陈默安著 . -- 天津：
天津人民出版社 , 2016.7
ISBN 978-7-201-10286-3

Ⅰ . ①我… Ⅱ . ①陈… Ⅲ . ①恋爱心理学 – 通俗读物
Ⅳ . ① C913.1-49

中国版本图书馆 CIP 数据核字 (2016) 第 080822 号

我不相信爱情，我只相信你
WOBUXIANGXINAIQING WOZHIXIANGXINNI

出　　版　天津人民出版社
出 版 人　黄　沛
地　　址　天津市和平区西康路 35 号康岳大厦
邮政编码　300051
邮购电话　（022）23332469
网　　址　http://www.tjrmcbs.com
电子邮箱　tjrmcbs@126.com

责任编辑　赵　艺
装帧设计　金牒设计室

制版印刷　北京鹏润伟业印刷有限公司
经　　销　新华书店
开　　本　880×1230 毫米　1/32
印　　张　7.25
字　　数　150 千字
版次印次　2016 年 7 月第 1 版　2016 年 7 月第 1 次印刷
定　　价　32.00 元

虚假的爱情只需享受，真正的爱
情则得学会接受。

当对方不爱你的时候，你再多的贴心举动都会造成困扰；当
对方不需要你的付出，你的给予就变相成了胁迫。

女人耗尽心力栽培一个男人，美名为牺牲奉献；男人灌溉一个女人，则会被笑为了一株枯树放弃一座森林。

当第三者的人，只要谈过一次这样不见天日的恋爱，就能彻底领悟，在爱情里，有时最重要的不是努力，而是服输。

　　与其强求永恒，倒不如只图开开心，必将两个人都开心了，才有机会并肩走下去。

　　勇敢去恋爱，无论爱怎样的人，都会让枯
萎的心再度复生；但拥抱着一个不爱你的人，
只会让你活得生不如死。

作者序

爱情是一场梦，
我总是睡过头

《令人讨厌的松子的一生》是我非常喜欢的电影。它叙说爱情，不说宛如童话故事般的浪漫情节，却说那些尾随在幸福背后的黑洞与暗影。

仿佛一座残酷剧场，展演了爱情里的遗弃、矛盾、欺瞒、自私、孤单、折磨……血淋淋地指出：我们都渴望爱情为干涸的生命带来救赎。到最后，带来更多伤痛的，反而是女主角松子经历了一次又一次恋爱的幻灭。任何旁观者都看得出来症结是什么，唯有松子将盲点视为爱情的铁证，仍旧义无反顾地让自己遍体鳞伤。

快乐，是包裹在爱情外层虚幻的糖衣，最易消逝；磨难，才是一段爱情真正的主调。

电影《控制》（Gone Girl）里的丈夫对太太说：我们彼此憎恨，试图控制对方，为什么还要勉强在一起？

太太毫不思索地答道：这就是婚姻。

或许，这不只是婚姻，也是许多爱情真正的面貌。

几年前，我常常接到一位朋友的电话，话筒那头的她有时气若游丝，有时咬牙切齿。随着每一次来电，状况总是每况愈下，先是说男友假装去上班，实则跑去钓虾；接着她受不了，发生争执时，男友竟一巴掌将她打倒在地；然后，付不出卡费的男友，问她什么时候去酒店上班。

半年前，她来了一通电话，强装平淡又忍不住欢愉地宣布，她要结婚了，对象就是那个想逼她下海的男人。

她说，前天男人突然开口向她求婚，自称想通了，现在真心想给她一个家。于是，她相信男人这一次是真的浪子回头，他们将有个新的开始。

除了祝福她，我并没有多嘴什么，即使已预见她的人生将走向更绝望的深渊。

这是爱情最苍凉的地方，明明已经怨恨与伤害相互交织，最终还是选择睁一只眼闭一只眼继续爱着，说着只能骗过自己的谎言。

爱情，造就了矛盾；矛盾，则延续了爱情。

无关对错，因为这些苍凉，都是每段刻骨铭心的爱情里必备的成分，不过是程度上的差别罢了。

就某种程度而言，我们每个人都像遮住自己双眼的松子，以为用力去爱就能得到幸福，以为付出的一切都将获得丰硕的回报。

虚幻浪漫的童话故事太多了。这本书搜集了三十六则关于爱情的残酷箴言，演绎成三十六种爱情的真面目，就像一部 X 光机，照出幸福的表皮之下，暗涌的脓血与肿瘤。

毕竟，男人永远不会承认，他娶你不是因为爱得无可自拔；或者你深信被你爱着的另一半很幸福，想不到他的心里比谁都绝望；而你可能也不会料到，听起来最浪漫的天长地久，才是爱情里最无情的杀手。

　　其实，这本书的原意并非要你从此拒绝爱情，只是想扯开你遮住眼睛的双手，让你看见爱情根本没那么美好。如果已经做好准备，不妨来这残酷剧场走一遭，而后发现，原来最美好之处，就是两人在看见爱情种种丑陋的真面目之后，还愿意坚定地携手走下去。

　　爱情当然需要一点盲目，但可以先有所顿悟，再决定要不要继续执迷不悟。

爱情是一场梦，

　　　我总是睡过头

目录

PART 2　那些曾经的伤痛，只为让你遇到更好的爱情

PART 3　我们历经伤痛，只为爱得更好

4 /

PART 4　总有一天，会有人陪你到天长地久

附录　默安的爱情箴言

chapter 1

因为曾经失去过，
更珍惜所拥有的

01 谁不曾爱过个把人渣

一辈子这么长，总要爱上几个人渣的。

——《春娇与志明》

除非是天生命好，否则，想拥有真正的幸福，总得爱过几个人渣，并且懂得感谢那些人渣。

因为人渣往往先让你看见他有多么不好，再发现自己也不好，最后你才能变好。

每个人都一样，在还没谈过恋爱之前，都怀抱着希望，认为自己是那万中选一的幸运儿，谈一段幸福快乐的感情。

偏偏总会出现个把人渣，毁掉你的希望，让你知道爱情有多么残酷不堪，遇见真命天子的概率比中彩票还低，这都不是最糟糕的。最糟糕的是，爱上个把人渣，似乎也在告诉你，你也比人渣好不到哪里去。

跟人渣交往，就像照一面照妖镜，他让你知道，你眼光不好，被鸟屎砸中还以为一块宝从天而降；他让你知道，你根本没有预想中的理性睿智，明知道他一无是处，但你还是爱得死去活来；他更让你知道，你有多么懦弱，宁可继续被他糟蹋，也不愿意转头就走。

你说他是人渣，说不定在他眼中，你才是货真价实的人渣，还是比他次等的那种；否则，你怎还会为他掉这么多眼泪，伤这么多次心。

追根究底，你之所以那么恨那个人渣，并非只因他对你不好，而是他让你彻底认清爱情有多么残酷，而且，很多时候，是你让他变成了一个人渣。

曾有个朋友哭诉，说男友糟蹋她到无法无天的地步，竟然要她找姊妹淘来亲热，满足他的性欲，威胁她如果不肯就范，那就分手。

事实上，刚开始交往时，男人并没有提出这么过分的要求，是女人怕男人受到外界诱惑，常常故意告诉他姊妹淘的私事，甚至让男友看姊妹淘的清凉照，以此为诱饵，想将男友拴在身边。

久而久之，男人的要求当然愈来愈过分，而他之所以变成一个伤透女人心的人渣，幕后推手就是他的女友。

眼见好好一段感情走到这步田地，女人不只恨男人，她更恨的是自己。

原来，在感情世界里，自己往往是导致不幸的主因。

在了解自己的不足之后，你终于不再抱怨运气。你终于知道，当时的自己，真的只配跟个人渣在一起；那些好男人看不上你，不是没有原因。

生而在世，人最忌讳没有自知之明。多亏跟人渣爱过一场，你总算明白自己有几两重。比起那些只懂哄你、宠你的男人，人渣给你上了最宝贵的一课。

当你开始认清自己，你才知道怎么让自己变好，有资格跟更好的人相恋，值得被好好对待。

换个角度来说，如果没有爱过人渣，再好的男人掉进你怀里，你都不屑一顾。

有个女人，从小家里穷，年轻的时候她就希望钓一个金龟婿，给她富足的物质生活，没时间陪她也不要紧，她宁可孤单也不愿落入贫贱夫妻百事哀的困境。

不晓得是运气好还是不好，她的确如愿地跟个有钱男人在一起。男人常常当着她的面，男人就跟刚认识不到两小时的女人接吻拥抱，或者是毫不避讳地跟其他女人互传私密照，身为正宫女友的她若敢吵闹，就会讨来一顿打，然后男人会丢几千块在枕边，搞不清楚是医药费还是过夜费。

后来她分手了，遇见一个穷小子，她决定再给爱情一次机会，跟这个男人在一起，虽然不能吃香喝辣，但她终于感觉到真正的幸福。然而，在过去，这男人根本入不了她的眼。

多亏爱过人渣，女人才知道什么是可以舍弃的，什么才应该要用生命去珍惜。

假如不曾被重重摔过，即使有个男人把你捧在手心上疼，搞不好你还会嫌他手没洗干净。

当然，不只是你得感谢人渣，那些后来与你相爱的人也该心存感谢。经过人渣的洗礼，你才变得更加可爱。

爱上人渣，不但是必然的，更是必须的，就像《失恋33天》里有个角色说的：在这个时节这个年代，你要是不得个忧郁症什么的，你都不好意思跟朋友打招呼。

在感情的路上，要是没爱过人渣，你也不好意思大声说真的知道爱是什么。

说穿了，人渣的存在不只带来伤害，他其实是将你推往幸福之路的贵人，懂得感谢人渣，意味着你有了幸福的资格；至于只会口口声声咒骂人渣的女人，还没意识到自己配人渣最刚好。

02 一切只是因为不够爱

他和你玩暧昧，就是不够喜欢你。

——何炅

在感情步入稳定阶段时，不少女人会怀念起暧昧时的怦然心动。甚至有人说，暧昧是爱情中最美好的一部分。不过老实说，这都是暧昧过后真正能修成正果的人才有资格说的话，而且说这话简直是得了便宜还卖乖，坐这山望那山。

因为当一个男人跟你玩暧昧，或者是只愿意跟你玩暧昧，就代表他根本不够喜欢你，而不是如你一般正享受着若有似无的浪漫氛围。

假设你逛街时看到一件非常喜欢的衣服，而且那衣服相当抢手，只剩一件，哪怕价钱不便宜，你还是会马上掏出钱来打包带走。

原因无他，就是你确定自己一定得拥有那件衣服，并且害怕慢了一步，别人就将它占为己有。

你付了钱，代表你对这件衣服负了责任，许了承诺，于是它属于你了。

爱情也是如此。一个男人够喜欢你，真的想跟你在一起，为了避免你跟其他人跑，赶紧确认关系都来不及，哪儿还有时间对你欲拒还迎？

要么就是他一点都不在乎你会不会等得不耐烦，要么就是他吃定你会傻傻地等到海枯石烂。

女人其实也不是不心急，不是不想确认关系，但女人往往愿意等，关键就在于女人总有个错觉，认为主控权操之在己，直到最后才发现，自己不过是个消遣。

我朋友跟一个对象暧昧了将近半年之久，每天报备行程、晚安简讯样样齐全。对方也说很喜欢我朋友。有了这句话，朋友像是吃了定心丸，也不急着确认关系，安心地享受暧昧的快乐。

在这期间，甚至还担心起对方似乎有点太黏她，以后可能要好好沟通协调如何相处，等等，仿佛这段感情她说了算。

就在某次他们相约见面的前两天，男人突然传简讯来，说他交女朋友了，取消原本的约会，从今以后两人当朋友就好。

这些话就像一巴掌打在我朋友脸上，原以为占上风的骄兵，突然成了弃妇。后来她才知道，在暧昧期间，男人也不忘广结善缘，她根本不是唯一。

就算过去男人讲的话再好听，我朋友却连要他给个交代的资格都没有。因为她从来不是一个名正言顺的女朋友。男人无须背上劈腿的罪名，当然也不用负任何责任。

男人当然可能是真心喜欢你，但不代表他不能更喜欢别人。说穿了，从头到尾主控权都在他手上，只有你随着他的心情又哭又笑像个疯子罢了。

也许有的女人会说，男人不急着定下来，代表他对待感情很谨慎，得多观察、多思考，才能确保日后交往能更顺利。

但坦白说，爱情是没办法买保险的，天底下哪对情侣不是先牵了手，再一起面对未知的考验？

别忘了，恋爱总需要点奋不顾身的勇气，两个人一起奋不顾身，会成为爱情；唯有你奋不顾身，那就叫飞蛾扑火，尸骨无存。

也曾听过朋友说，暧昧对象之所以迟迟不肯给她名分，就是因为考量到两人是远距离、目前事业正处于冲刺阶段，等等，所以得计划周全一点再确认两人关系。

乍听之下，这样的男人很成熟，很为对方设想，但其实关键还是一样，他根本不够喜欢我朋友。

毕竟，只要够爱，什么都不是问题；只有在不够爱，甚至不爱的时候，就什么都是问题。

偏偏太多女人看不透这一点，被这样不负责任的推托之词蒙骗，傻傻地耗掉自己的青春，最后却眼睁睁地看着对方以迅雷不及掩耳的速度，找到另一个让他不顾一切的真爱。

坦白说，不是横亘在你们之间的问题太难、障碍太多，关键在于你根本不够格让他下定决心；即便你下了最后通牒，逼他确认两人关系，下场往往没有好结果。

因为他对你的喜欢，还不足以让他主动积极地留住你。日后遇到更多考验时，他又怎么可能挺起肩膀，为你的幸福负责？

其实，就某方面来说，暧昧的确是很迷人的。前提是你也还不够喜欢对方，这很残忍却最真实。唯有当你觉得对方可有可无，你就能全然地享受暧昧的美好。但相对地，那也代表你还没做好对他负责的心理准备。

或者，等到你也有幸修成正果，跟另一半像老夫老妻似的稳定，你才有资格说，暧昧是爱情中最令人怀念的阶段。

03 爱是牺牲，而不是占有

爱情里最痛的不是牺牲，而是继续面对。

——周星驰

电影《西游》里，段小姐为了心爱的人，不惜牺牲性命。她顾全了大局，却留下无限的遗憾与伤痛给深爱她的唐僧。段小姐的生命结束了，但唐僧的痛苦正要开始，而且永无止境。

虽然，一般人的爱情鲜少牵扯生死大事，然而，许多爱情里，对方为你好而做出的牺牲，才真的是教你生不如死。

听一位男性朋友说过，除非他能重新投胎，否则这辈子不会再与人交往，更别说结婚。

因为他有个糟糕透顶的原生家庭，母亲好赌、父亲吸毒，再怎么恨，血缘始终切不断。为了这个如无底洞般的家庭，他离开了交往七年的女友，不愿拖累她。

世事总难两全，有时你最爱一个人，但这段感情有着最无力克服的现实。不懂事的男人要拖着你一起面对，让你煎熬；懂事的男人知道该放手，可你更痛：为什么这段感情他说了算。

看起来，你宛如获得重生，有了再一次追求真正幸福的机会；该喊痛的人是他，不是你，否则别人会说你得了便宜还卖乖。

往后你的幸福人生，竟是踩着他的尸体才得以到手，多么不堪；倘若你心里有愧，用自己的幸福与之陪葬，心里又觉得不值。

牺牲的人看似很伟大，实际上最自私，他用他的牺牲拖住另一方，让你就算往后过得快乐也无法安心。

他就好比是《西游》里的段小姐，从你的生命中死去，但你是一个被迫放弃的未亡人，继续面对他所做的决定。真正更痛、更愧疚的，其实是你。

话说回来，如果能遇到这样一个懂事的男人，或许也该宽慰，至少世界上还有一个人肯为你如此牺牲。偏偏大多数的感情里，牺牲和继续面对的往往是同一个人。

曾看过一对名人夫妻的故事，两人是旁人眼中的模范夫妻，可就在结婚数十年后，太太发现丈夫外遇。经过几天不眠的流泪、煎熬，太太决定原谅丈夫，重新修补婚姻。

但是往后的几年，他们俩都过得非常非常不快乐。

类似的故事，一定也发生在许多其他女人身上。恐怕有百分之八十的女人，宁可牺牲忠贞，也不愿意牺牲爱情。

不愿意牺牲爱情，下场就是要继续面对这段感情。可怕的是，这段感情中，你已经牺牲掉爱情里最基本的忠贞。

牺牲的意义在于，能够换来更好、更有利的，否则牺牲只是毫无意义的找罪受，但很多人都忘了这一点。

如果说，牺牲一段婚姻或爱情，即使会有痛苦的过渡期，后来换得自己的重新开始，这次牺牲就有意义；但要是你牺牲了忠贞，往往换来的是继续面对难以缝补的爱与信任，那时百般拉扯下做出的牺牲，彻底失去意义。

有首歌唱道：最黑的黑是背叛，最痛的痛是原谅。

你以为最痛的，就是选择原谅他的时刻。事实上，最教你生不如死的，是你在原谅之后的漫漫长路。

毕竟，你并没有从这段感情中抽身。你的确是牺牲了，然而，要修补感情，就意味着不只是他，你也要跟着继续面对这段已然残缺的爱情。

所谓的继续面对，不过就是永无止境的牺牲。

你牺牲掉重修旧好的热情、自己的快乐、对另一半的信任……到最后，好像比牺牲掉一段感情还要损失惨重。

因为你根本无法忘怀那时的牺牲。于是你往后面对的，根本不是急欲修补的婚姻，而是那时牺牲的痛苦。尤其每见到那个令你不得不牺牲的男人，你就再回忆一次。

牺牲的痛，与继续面对的痛，都压在你肩上了，究竟最后你换得了什么？

这并不是说，面临类似状况时，你一定得选择分手。毕竟，爱情里最常见的习性就是提得起、放不下。

只不过，倘若你要选择不放下爱情，那你就得有本事放下自己的牺牲，将那道伤口忘得一干二净；否则，即使两人能再继续，你们之间的爱情也会变成一道利刃，将那道旧伤口愈挖愈深。

说不定，当你领悟到这个道理时，你会宁可这段爱情像《西游》的段小姐一样，直接从世界上消失得一干二净。

04 不要试图栽培你的另一半

永远不要栽培你所爱的男人或女人，你把他或她栽培得太好，结果只有两个，他从此看不起你或她给人偷了。

——张小娴

人让自己愈来愈好，是一件好事；但你栽培爱的人愈来愈好，甚至比你更好，却是对自己最残酷的慢性自杀。

势均力敌的伴侣世间少见，即使有了，大多也会落得一山不容二虎的互咬下场。所以，大多数的人要么选择比自己强的，要么就选择比自己弱的，在感情里保持一点优势。

选择比自己弱的，总是很矛盾的。尤其是女人，希望男人能够有出息，却又担心他眼界开了，就看不上你了。

但许多女人天性犯傻，碰到爱情更傻得义无反顾，尽心尽力栽培男人，希望他好，好了之后还惦着你，反过头来感谢你，更珍惜你。

这不只是傻，根本是错估了人性。

你将他栽培得很好，直到有一天他不需要你的栽培了，甚至活得比你更好，更多人看见他有多好，他不会反过来栽培你。因为栽培人太辛苦了，他只需要从跟他匹配的众多女人中，挑选一个与自己相伴。

也或许，他没这么懒，而是去找个无须花这么多心力，就能栽培起来的女人。

因为你忙着栽培他的时候，忘记照顾自己了，导致你落后他太多太多，他想拉你都不知该从何下手。

看过一部韩剧，女人到处打工赚钱，供男友完成学业，盼着他考上检察官。就在男友跟她求婚的当天，回家路上，男友不慎撞死冲出来的路人。眼看大好前程要断送了，女人牙一咬，索性出面顶罪。

男人如愿考上检察官，靠着对未来幸福生活的想象，女人才得以在牢里撑下去。然而出狱后，不知情的男人的父母，不

肯让检察官儿子娶个有前科又家世普通的女人。本来男人还挣
扎，最后也放弃了，他选择追求比他身份更高贵的富家千金。

当一个人爬到巅峰时，不会希望别人知道他在谷底时有多
落魄，而你是唯一见过他落魄样的人。你的存在，等于是提醒
了他曾经多么落魄。他不愿想起，也不愿别人知晓，于是干脆
希望生命中从来没有你。

再者，他已经尝过被栽培的甜头了，既然你已经无法当他
的垫脚石，那么他势必得找更高的梯子，往更遥远的地方爬。

即便他心里对你确实还有爱情，还有感恩，但难保他抵挡
得住外界的眼光。

女人耗尽心力栽培一个男人，美名为牺牲奉献；男人灌溉
一个女人，则会被笑为了一株枯树放弃一片森林。

原本的一片美意，让你成为扼杀自己感情的残酷凶手。

直到他看你的眼神充满了轻蔑，或是他被其他更好的人给
偷了，你才悔不当初，早知当初就把他腿打断，他就一辈子是
你的。

不过，就算这样做能使他一直在你身边，也不代表他真心
不想离开你，他只是没能力离开你罢了，岂不更悲哀。

何况，你也未必能长久容忍一个永远矮你一大截的残废。

曾看过一部日本电影，绰号战神的军官长期征战，他贤淑

的妻子只能在家守候。

某天，战神受了重伤回来，手脚必须截肢，剩下躯干，就像一个大肉虫。妻子将丈夫养在一个房间，喂他吃饭喝水，也与他做爱。

终于，战神丈夫不再需要出征，可以每天在家与妻子相伴。

然而，妻子性情也变了，有时她会失控地怒骂、鞭打丈夫，然后再抱着那残缺的躯体心疼地哭泣。

当你心知肚明一个人有多么无能时，便很难真诚地去爱他，而且，还得为了自私的欲望，纵容他更加无能。渐渐地，你根本也不会在乎他是否永远属于你，反而不愿意自己继续委身于他。

说不定，到最后是你想放手了，可他死缠烂打，想像个水蛭般吸收你身体的养分。

或许，栽培你爱的人是必要的。毕竟你虽然想维持爱情，却也想有个令你欣赏的另一半，你当然可以栽培他，但别忘了也要灌溉自己。你就要比他更好一点点，让他不至于自惭形秽，却又深信唯有你能扶持他到更好的地方。

即使到头来，他还是给人偷了，你也不用太过沮丧。因为你已远比当初的你强壮多了，有更多更好的人愿意爱你。

喜欢是冲动，而爱是慎重。喜欢是钟情途中的风景，而爱是等到风景都看透，才去跟他细水长流。

05 相爱和相守哪个更重要

> 一个女人，一生之中，无论如何要当一次第三者。做过第
> 三者，才会明白，爱一个人，是多么凄凉。我们想要的人，并
> 非常常可以得到。

——张小娴

第三者，像是感情世界里的过街老鼠，人人喊打，但讽刺的是，很多时候，第三者却像 X 光机，让你在人性 X 光片中，看见美好爱情的皮层下，那些令人惊骇的骨骼、内脏、血管和肿瘤病变。

你以为第三者就是感情的输家。事实上，很多不曾当过第

三者的女人，也常常在感情世界里吃了败仗。差别只在于，第三者早就懂得认输，其他女人却往往不肯面对失败的事实。

世界上最没办法算计投资。报率的，就是感情。许多时候，总是付出全部的人，到后来一无所有；将自己欲望摆在第一的人，却笑得最灿烂。

徒劳无功，几乎是多数感情的脚注。偏偏人都要在这轮回里挣扎好几次才能领悟。

然而，当过第三者的人，只要谈过一次这样不见天日的恋爱，就能彻底领悟：在爱情里，有时最重要的不是努力，而是服输。

哪个第三者不是一开始还怀着扶正的梦想，渐渐地不抱任何希望，只求一时半刻的温柔。她明知永远得不到想要的幸福，但还是投入付出了全部的爱。她倾注所有的爱，去赌一场注定不会赢的赛局。

多么悲壮，多么凄凉。

那股悲壮与凄凉中，即使有点不甘心，最重要的，带着服输的成分，她对爱情服输。她终于明白，关于爱情，从来不会因为想要谁，就能拥有谁。

只有太过天真，还没被感情伤到清醒的女人，才会去问：你为什么不爱我？我哪里做得不够好吗？

当你脱口而出这些毫无帮助，同时也问不出个所以然的问题，就注定你在感情路上不可能快乐。因为你还没认清，在感情路上，想要得不到才是人之常情。于是你便不会服输，造就了你最大的痛苦。

得不到最想要的人，似乎是第三者最可悲之处。然而你没想到，世界上最最可悲的，是看似已经拥有最想要的人，但对方却始终不给你最想要的。这种情况，几乎每个女人都会碰到。

朋友 A 谈了一段长达七年的初恋。男人各方面条件都好，偏偏有个坏毛病，喜欢在外面拈花惹草。他总说是逢场作戏，最爱的还是 A。

刚开始，A 会吵会闹。后来她懒得吵了，只是更积极地在脸书上宣示主权；每回跟男人出游，都不忘打卡拍照，好气死那些觊觎男人的莺莺燕燕。有时来路不明的女人传讯息给男人，A 还代为回讯。文末一定附注我是他女友，他在忙，叫我帮他回。

某一天，A 检查男友手机时，发现男人跟另一名女人的聊天记录。男人写道：我想娶你，你要等我。清清楚楚八个字，让 A 突然醒悟：这七年来，她一直以为自己是个打败那些众多莺燕的胜利者；原来，她也跟那些女人一样，得不到最想要的。

关于爱情，不是我爱你，而你也刚好爱我就等于幸福，那充其量只能算顺利成为恋人。看起来你是得到想要的人了，但是其他那些你想要的附属品呢？

就因为你不是第三者，所以你不肯服输。你可以吵、可以闹，你逼对方给你最想要的忠诚、安全感、专情……你以为他总有一天会给你想要的，没想到他始终不给。你看似没有服输的理由，事实上，你却输得更彻底。

假如你还想要延续这段感情，那你只能乖乖低头，否则你就等着被对方开除。

第三者就不一样了，她打从成为第三者的那天起就选择服输，好掌握某些专属于她的小小幸福。

她知道自己想换得某些卑微的幸福，就必须牺牲些什么。但是，没当过第三者的人，会以为幸福是情侣之间天经地义的事，只要相爱就能得到。

换个角度想，也许是因为第三者有勇气服输，摆明愿意为了爱情舍弃尊严与名分。其他人表面上不肯跟第三者同流合污，但往往根本是不敢像第三者那样去正视爱情的残酷。讽刺的是，谈场恋爱，到头来却是殊途同归。

如果说，第三者是睁着眼睛硬往火坑跳，宁可遍体鳞伤也要爱上一回；那其余女人就是捂着双眼往悬崖爬，边爬还要边欺骗自己天堂就在不远处。

难道，第三者的角色就只配获得一巴掌吗？

在剥掉那些沉重的道德枷锁之后，也许在她身上，有着许多女人穷尽半辈子都还想不通的智慧。

06 有一种爱情叫物质

帮助不等于爱情，但爱情不能不包括帮助。

——鲁迅

谁要是说，爱情是这世界上最纯粹的美好事物；那意味着他或她根本不知道爱情为何物。因为正好相反，爱情是最现实的。

年轻的时候，总将爱情看成最超尘绝俗的感情，生怕它沾染一点市侩。另一半没钱吃饭，你掏钱请客，也不愿意说这是帮助，宁可说是付出。这说法好听多了，免得他像个吃软饭的小白脸。毕竟，你认为他很爱你，这就够了。

即使他一直没钱，你一直付钱，只要催眠自己这是无私的付出，这段感情就不俗气了，很无瑕，很纯粹。

你还不晓得，最讽刺的是，俗气的爱情往往更长久、更牢靠。

非得等到你付出不起了，你也没钱吃饭了，你想，他对你付出的时间到了；想不到他两手一摊说他没能力，只能你自己想办法。

始终得不到帮助的你，对于爱情开始动摇。

有句最不切实际的话叫有情饮水饱，难不成有了感情，那水就会变成白饭？

并不会！得有工作能力、有经济基础，你俩才买得到白饭；否则空有感情，你光喝水不饿死也先胀死。

这时候你终于体会到，能帮助你的人才有资格爱你，你也才敢放心爱他。那帮助不但不再是俗气的，反而是保障。

于是有些女人年纪渐长，愈来愈看重帮助的比例，对于是否爱得这么深，已不被视为首要条件。

毕竟，爱情到最后就成为生活，生活怎能没有那些实质上的帮助。可是没了爱情，人还是能活下去。

也有另一派女人，转成极端的现实主义者。只要男人能提供实质的保障，那就是她理想的爱情。

曾看过一个专题报道，采访了某个被社会大众称之为拜金女的女人。

　　还不到三十岁的她，跟了一个大她十五岁的男人。男人出手阔绰，给她买了一间小套房。信用卡任她随便刷，一个月还有四五万零用钱。

　　记者问她，她是真心爱他吗？还是爱他的经济条件？

　　女人说，经济无虞，两人就能开开心心地过。只要开开心心的，感情会慢慢滋长。这种感情虽不是那么纯粹的爱情，可是谈起来轻松得多，也没有太大负担。

　　记者又问她，难道一直以来择偶的标准都是如此吗？

　　停了半晌，女人答道，很年轻的时候，也只想跟最爱的人好好在一起。可是对方没钱又不工作。再深厚的爱情，都在交不出房租、刻苦吃白吐司时磨光了。就在某天她回到家，发现因为没缴费而被断水断电时，她站在黑暗的房间中央，决定离开这个她深爱的男人。

　　她的回答令人印象深刻。不知道有多少女人，就是在人财两失、孤立无援的一刻，选择背弃很爱很爱，却始终给不了自己任何保障的那个男人。

　　这种女人一点也不现实，而是太梦幻。就是因为年轻时梦幻过了头，以为爱情能克服一切，摔了跤、吃了亏，才醒悟：

只有爱情的爱情，什么都克服不了。

　　只不过，要当这种女人不容易，看似养尊处优，吃喝玩乐有人包办，但内心对于爱情的渴求，却可能无法再得到满足。

　　就算你知道爱情必须包括帮助，要是你对爱情仍有期待，那也不用勉强着自己成为现实主义者。

　　况且，帮助不仅指实质上的金钱，精神上的支持也是帮助。你得先搞清楚自己最需要帮助的地方是什么。有的女人就是始终搞不清楚自己要的是什么，以为找个经济条件好的就会幸福快乐；到最后，自己却坐在成堆的名牌包中感到无比空虚，悔不当初。

　　然而别忘了，你也必须能够帮助对方。假如你不能在他最需要之处帮上忙，那你根本没资格爱他，也没资格要求这段感情长久幸福。

　　帮助是爱情里不可或缺的元素。但是，只有你自己知道如何调配比重才能达到平衡，别人说的都是多余。唯有你认为平衡了，真正的幸福才可能降临。

　　爱情当然是世界上最美好的事物，可前提是，它不能那么绝对的纯粹梦幻；否则，就只会是一场令你对爱情绝望的灾难。

有时候，爱情就是曾经两不相欠从此互不留念。

07 所有的爱情都是冒险

你无法叫醒一个装睡的人，也无法感动一个不爱你的人。

——马伊琍

老话说，一百次的感动比不上一次的心动。并非感动太廉价，事实是，必须要先有了心动的感觉，才会产生真正的感动。

若不曾心动，那份感动只是伪装，甚至，只是一份怜悯。

看过一部漫画，女人单恋男人许久，举凡到家里帮他打扫、不间断准备爱心便当，等等，一应俱全。可惜男人心已有所属，始终没有对她产生情愫。

　　直到男人生日当天，接到老家的电话，本以为是家人打来祝贺他，电话那头，不负责任又欠债的父亲叫他赶快寄钱回家，压根忘了儿子生日这回事。

　　长期背负家庭重担的男人流下泪来。这时女人竟提着亲手烘烤的生日蛋糕出现。就在那个晚上，男人接受了她。

　　两人交往之后，相处得很融洽，但奇怪的是，热恋情侣中常见的控制欲、嫉妒心、占有欲，在男人身上完全看不到，就好像他根本不在乎失去女友。

　　女人似乎也察觉到了不对劲，经过好几次争吵后，男人终于提出分手。女人最后要他亲口说出我不爱你了，可是男人摇摇头说道：我说不出口。因为我没爱过你。

　　其实，男人当初之所以会接受女人，是因为他仿佛在女人身上看到了自己的影子：付出了许多，却始终得不到回报。

　　沮丧的男人并不想跟父亲一样，成为不懂感恩的人，于是他接受了女人，与爱情无关，只是基于怜悯。

　　作家安妮宝贝写道：对不爱我们的人，一旦付出，就罪孽深重。

　　当对方不爱你，你再多的贴心举动都会造成困扰；当对方不需要你的付出，你的给予就变相成了胁迫，胁迫对方必须回报你、必须装作深受感动的模样，甚至是胁迫他也得比照办理，否则他仿佛就是个冷漠的王八蛋。

　　可是，爱情只能用爱情来偿还。即便对方怀着报恩的心态与你交往恋爱，但你对爱情的渴求永远得不到满足，而他也似乎成了一个对不起你的罪人。

　　说到底，让他成为罪人的元凶是你，这段错误的爱情，是你亲手造的孽。

　　况且，谁说你给予的，足够他用一辈子来报你的恩？他嘴上不说，但若觉得与你已互不相欠，随时可以走人，去寻觅他真正想付出爱情的对象，而不是永远待在你身边，接受他从来都不想接受的付出。

　　勉强去感动一个不爱你的人，不仅对不起对方，也对不起你自己。

　　听过朋友转述一个故事，有个太太跟丈夫结婚将近二十年，两人已经形同陌路。太太明知丈夫的心已经在另一个女人身上，还为此想要离婚，但她还深爱着丈夫，希望能感动他，修补降至冰点的夫妻关系。

　　结婚周年当天，太太准备了一桌丰盛的菜。在餐桌上，她展现消失已久的温柔跟丈夫聊天，可是丈夫依旧冷漠的吃饭，直到吃饱之后，太太拿出一份礼物递给他，里面是一把重型机车的钥匙。

那部重型机车是丈夫十几年来的梦想。太太以为丈夫会欣喜若狂，想不到丈夫说：可以退款吗？拿去退吧。

太太以为丈夫是心疼自己花太多钱，丈夫却面无表情答道：如果你是十年前送我，我会很感动；但现在我已经不想跟你在一起，我不想用任何跟你有关的东西。

好好的一番心意被糟蹋至此，跟对象无关，只因太太误以为一次的感动就能唤回爱情与幸福。

试图感动一个已经不爱你的人，仅会让你更加确认对方已经不可能重新爱上你。你做得再多、再累，在他眼中都是白忙一场，徒增他的厌恶罢了。

到最后，他没有任何损失，但你却将自己的心意丢在他面前，任他蹧践。

感动，也许能为爱情加温，但它无法让消逝的爱情再度燃烧。毕竟，已经不存在的东西，怎么燃烧得起来呢？

倘若一味听信爱人是痛苦，被爱是幸福这种话，你就会认为只要自己牺牲奉献，对方就能得到快乐，却没察觉到他真正的心情，无疑的你们心的距离已经愈来愈远。

　　爱或被爱，各有各的苦，就像电影《恶女花魁》的经典台词：所有的爱都是冒险。

　　其实，相爱也是地狱。只不过在地狱中，还有个伴牵着你一起受苦罢了。

08 真心付出才能获得幸福

上段恋情，全心投入，结果重伤，于是这次恋爱怕受伤，就很保留。这意味着：上次伤你的烂人，得到最完整的你；而这次这个发展中的情人，得到个很冷淡的你。我知你是保护自己，但这若是做生意，你这店一定倒的。永不再来的恶客，得到最好的服务；而新客上门，却备受冷落。这店怎么不倒？

——蔡康永

失恋时，喝个烂醉、找朋友倾诉发泄……都是很好的疗伤过程，但最要不得的，就是同情自己。

村上春树在《挪威的森林》中写道：不要同情自己，同情自己是下等人做的事。

同情心，用在别人身上，是慈悲；用在自己身上，就成了可悲。

只有可悲的人才需要同情。当人开始同情自己，就意味着自视为可悲的受害者。

可怕的是，爱情里的受害者，往往会制造出更多无辜的受害者。

我认识一对情侣，任谁都看得出来，男人对女人的爱，比女人爱他多太多了。

即使是平常的日子，男人都挖空心思制造惊喜与浪漫，逢年过节更不用说了，女友却都只淡淡地说谢谢。甚至男人生日当天，女友还跟朋友玩到半夜才回家；经男友暗示之后，她才问：你想要什么生日礼物？

原本男人一直说服自己，认为女友本就是将爱情看得较淡的人。有一天，他意外发现女友的旧笔记本里写满给前男友的话。看着那些热情甜蜜的文字，他简直不相信出自女友之手。

按捺不住情绪，男人问女友，是不是自己不够好，才无法让她愿意付出？

女人告诉他，就是因为当初太爱前男友，却又被劈腿伤得太深，让她不敢再付出。因为她不想再受伤。

男人忍不住哭得声泪俱下：你不觉得这样做，就像把你对前男友的恨报复在我身上吗？

听到这句话，女人才惊觉，男友跟当初的自己很像，全心投入换来的竟是伤害；她是上一段感情的受害者，却在这一段感情成了加害者，伤了无辜且全心爱她的现任男友。

没有人乐见你被烂人所伤，但也没有人希望你觉得自己是个被害者。毕竟，有被害者，就一定有加害者。一旦有这两者存在，恨与伤害就不会消失。当初伤你的人早就不知道去哪里逍遥了，于是你的恨只能加诸在自己，或是陪在你身边的人身上。

这样看来，你跟当初伤你的那个烂人有什么两样？

过去烂人为了保全自己而伤害你，现在你为了保全自己而伤害别人。悲剧一再轮回，你与爱你的人都不快乐，只有那个已经成为历史的烂人落得轻松。

受伤之后想自我保护，是一项本能。可是拼命保留而不愿真心付出，意味着你压根看不起自己；你只能获得不受伤的结果，却得不到更大、更真实的幸福。

不愿勇敢去爱，或许真的不会再遍体鳞伤，但也不可能再尝到幸福的滋味。

有一位长辈，年轻的时候不顾家人反对，跟初恋男友私奔，吃了不少苦头才稳定两人的生活；本以为能开始享福了，没想到男人却在此时告诉她：他爱上另一个女人，希望她能成全他们。

她没哭没闹，就此放手。可是往后的二十年，她没有接受任何人的追求，也不愿意再去爱；即使孤单寂寞，也不敢再承受一次受伤的风险。

直到有一天，她开车时看见路边有一对中年夫妇，仔细一看发现是那个男人与当年的小三。她没有停下车子，反而愈开愈快，一边开，眼泪一边掉。她看见他们头发白了、也胖了，这才惊觉自己也老了很多。但不一样的是，她依旧孑然一身。男人当了一次坏人，换来二十年的相守；而她为了保护自己，换来二十年的孤寂。

这二十年来，她的确过得很安全，完全避免了情伤的风险。事实上，她也等于将二十年的人生赔给了那个伤她的男人。

原意是为了保护自己而铸造的围墙，到最后，竟成为禁锢的牢笼。

烂人在你身上戳了几刀后转身离去。既然你没本事在当下追上去补他几拳，就别让那些伤口绑架你的青春，挟持你的幸福。因为伤口在你身上，只有你能决定怎么对待它，无须将过错推到那个曾经伤害你的人身上。

小说《伤心咖啡店之歌》有个角色说：不曾拥有，就不会失去。

的确，不去拥有下一段幸福，当然不可能失去；但拥有了，却未必会失去。相较这两种情况，其实，愿意真心付出的损失不一定比较大。

请不要在我的世界里走来走去。我只是害怕你走进了，我就不
想你再走出去。

09　片刻温存并非长久陪伴

男人和男人的关系更加长久，像一种没有肉体的爱情关系，也许就是因为没有肉体才更长久。

——歌手 左小祖咒

听过有人说，友情与爱情的差别，仅仅就在那张床。

而有没有上床，往往导致了两种结果，一种是细水长流的友情，一种则是倏忽即逝的爱情。

不过，肉体关系并不是残害情感的凶手。感情之所以无法长久，关键应该是男人与女人对于肉体关系的看法不同罢了。

大多数女人喜欢凭感觉、讲气氛、慢慢来，男人则是猴急没耐性；上了床，两者的性格马上对调，女人急着想确认一段关系，男人却变成能拖就拖的慢郎中。

因为，许多女人总有一个想法：我给出了身体，男人就得给出承诺。

可惜的是，这种事情就像圣诞派对的交换礼物一样，即使你精心准备了珍贵礼物，也有可能换来破铜烂铁。

日本作家白石一文的小说《我心中尚未崩坏的部分》里，有个男性角色说：女人的身体是宝物，身体之外的部分却令人厌恶。因此，为了那宝物得忍受其他厌恶的部分，就是所谓的交往。

乍看太过偏激，不过似乎也可一窥许多男性不敢说的真实想法。

简单来说，大部分的女人想靠肉体关系确认一段关系，男人则想靠确认一段关系来维持肉体关系。

我认识一对情侣。刚认识他们的时候，他们只是好朋友，单纯朋友关系维持了七八年。某次女人心情不好，两人一起喝酒谈心，谈着谈着就谈上了床。

本来大家都看好他们，认为都做了这么多年朋友，一定很

人生最遗憾的事，莫过于轻易放弃了不该放弃的，却固执地坚持了不该坚持的……

了解对方。谈起感情来会更顺遂；没想到撑不到半年，恋情告吹，当然也回不到过去的好友关系。

后来据那位男性朋友说，当天上了床之后，女人第一句话就问他：那我们现在是什么关系？男人思索着该怎么回答才好，女人补了一句：你不用勉强，我只是想确认一下。

男人虽然还没想清楚，但也只能承认两人成为情侣的关系。

当初他也不是抱着玩玩的心态，而是认为给彼此一个机会试试看也无妨。不过还不到半年，他就发现女人并没有用心经营两人情感，反而在确定关系后，一味要求男人付出。他终于清楚地体会到，这个女人不适合成为他的另一半。

很多男人坏，却不敢坏得太明目张胆，上过床后听到女人这么问，有几个敢直接答我们没有交往的可能？只能照着剧本硬着头皮继续下去，让自己看起来不是个狼心狗肺的花货；说穿了，就是既要当婊子又想立牌坊的心态作祟。

话说回来，其实不能全怪男人。毕竟女人大多有种奇怪的迷思，认为透过一次的肉体关系，自己就拥有了某种不可替代性，但是对男人而言，肉体关系通常只是一种行为、一份欲望，女人很难由此建立在他心中不可替代的地位。

也就是因为女人有这种迷思，导致借此索取男人的承诺；男人察觉到这点，性爱的欢愉会消失殆尽，取而代之的是无形的庞大压力。从这一刻开始，迷人的肉体关系开始慢慢腐败发馊。

即使两人能够正式交往，如果始终没办法培养出真正不可取代的爱，光靠肉体关系带来的激情，根本没办法牢牢维系两人的关系。

甚至也有某些女人，听信了男人先性后爱的道理，直接将肉体关系与爱画上等号。

有个太太某日接到一名陌生女人的电话。女人直接挑明自己是小三，希望太太放手，因为男人已经不爱太太，早就想离婚。

太太冷哼一声告诉小三，他们夫妻每个月都有性行为，证明先生对她还有兴趣，还有爱。

但这位太太没注意到的是，从好几年前开始，他们夫妻欢爱时，丈夫都只肯从背后抱着她。因为他早已不爱太太，必须看不到太太的脸，才能履行夫妻义务。

很多时候，对男人而言，性是与爱完全扯不上关系的。日本作家村上龙早就说过了：性爱需要的是体力，而不是爱。

当然，这并非意味着禁欲才能让感情天长地久。毕竟肉体关系也可能是一种催化剂，让两人停滞不前的关系更进一步发展。况且，性与爱相辅相成，两者完满了，势必能为两人情感

如果不幸福，如果不快乐，那就放手吧；如果舍不得，如果放
不下，那就痛苦吧。

加温。

　　海鲜的确容易腐败，但假如两人能够共同以爱与真心加以腌制，就能成为保存期限更久的美味罐头。所以，发生了肉体关系并没有错，先上床再恋爱更没有错，错的是不懂得把激情转变为更牢不可破的幸福爱情。

chapter 2

那些曾经的伤痛，
只为让你遇到更好的爱情

10 一边受伤，一边学会坚强

伤心，是爱情中最过瘾的事之一。没有那样的伤心，无法体会后来的幸福。

——蔡康永

我有一位女性朋友，跟男友在数年前的圣诞节正式交往。从此以后，圣诞节对她来说，就成为具有特别意义的纪念日。

往后每年的圣诞节前夕，她总是会绞尽脑汁地想些惊喜花招，好让这一天显得更加特别。

就在三年前，他们的关系逐渐变化。男人开始对这段感情心不在焉，女人却又不肯轻易分手，几乎每天吵架。到了圣诞节，女人就会更用心地预订大餐、挑选礼物，只为了让两人的感情能够重新加温。

可是，去年的圣诞节前夕，正当她又搜索枯肠该怎么庆祝时，意外发现男人劈腿。这让她痛不欲生。

几个星期后我见到她，忍不住问她：今年圣诞节应该很难过吧？

想不到她想了想，说道：这是我有史以来过得最伤心也最爽的圣诞节。

她说，发现男友劈腿后，她先打电话取消了预约的餐厅。圣诞节当天，她独自到百货公司退换为男友准备的昂贵名表，换了另一只渴望很久的手表给自己。她一边忍着眼泪，一边逛街，买了美丽的唇膏与洋装，想尽办法讨自己欢心。

她说，听起来很心酸对吧，但一边又觉得好爽快，很轻松；以前的圣诞节都在想着怎么让他开心，今年我就是专心讨好自己，虽然难过得要命，可是把自己放在第一位的感觉真的很爽！

很多人都以为，跟喜欢的人谈恋爱，就代表拥有了幸福，不过更多时候，爱情总是让人先体会到伤心。

当一个人决定投身爱情，就代表她自愿放弃喝白开水般的安全生活，转而坐上充满冒险的吧台，不知道接下来即将喝下甜蜜的糖水，还是足以烧伤喉咙的烈酒。

没有人是不渴望幸福的，可是很少有人察觉到幸福有时是一件很累人的事，背后隐藏着许多限制、克制、妥协、牺牲，以及某一天爱人会不会突然离去的恐惧，等等。爱情是需要经营的，为了维持一份幸福，人必须不断学习、进步、让自己保有魅力，甚至让对方的重要性凌驾于自己之上，如此小心翼翼，就只是为了一份所谓的幸福。

伤心虽然痛苦，但那是在爱情里，你难得可以放肆的时刻之一。

平常为了维持一段感情关系，你战战兢兢、如履薄冰；等到心被伤透时，你就再也管不了这么多。因为太伤心了，所以不再克制自己的嫉妒与恐惧，可以尽情地将平时压抑的情绪放到最大，或许哭个三天三夜，或许一口气将计算机里所有甜蜜的纪录清空删除。这是在爱情中，你难得能够放纵展现自我的时候。

而且，大多数的人都会对幸福存有某些幻想，预设幸福会是什么模样，但很少有人会去设想伤心的情况，伤心包含着未知的恐惧，就像被硬灌了一杯浓度极高的烈酒，你永远不知道有多呛辣，只能硬着头皮吞下去。毕竟，爱情是你选的，痛苦你得自己承受，这杯烈酒没有人会替你挡。

伤心，可以说是生命中让你挑战自我极限的经验。如果不是因为谈了这场恋爱，你这辈子恐怕没机会这么伤心，没机会喝下那种烈到会烧伤喉咙的酒。一旦过了最难熬的那一刻，你会惊觉自己远比想象中坚强。那个瞬间的感受，绝对是爱情里最过瘾的事情之一。

同时，在那样的伤心之后，人才会明白，幸福根本没有任何具体的样貌，就像一股无法言喻，只能体会的后劲儿。

我有个从未谈过恋爱的朋友，常常哀叹单身很苦，羡慕天底下每一对情侣。被寂寞冲昏头的她，冲动地成为第三者。她必须忍受在身旁的男友，对着电话那头的另一个女人甜言蜜语，或是接受男人残忍地告诉她：她永远都不可能取代原配。

这段恋情让她伤透了心，最后男人还是离开了她。疗伤许久才复原的她说，她现在觉得，就算单身，但可以不再为了那个男人伤心，是一件很幸福的事情。

不曾伤心过的人，总以为幸福意味着拥有了什么，但幸福其实是一种状态，就看你是否能够体会。

当然，爱情是很残酷的，并非伤过心的人往后就一定能获得圆满的恋爱。只是，被狠狠伤过的人，未必需要透过另一个人的给予才能感到幸福。

　　然而，后劲儿再强，终究会淡去。人是永不餍足的动物，即使体会到了幸福，也常常不过是一时半刻的事。通常在这个时候，眼前又会有一杯烈酒等着你；而你始终无法搞清楚，究竟伤心是一件无可避免的事，或者是你自己伤心上了瘾。

11 没有绝对完美，只有适不适合

跟你的恋爱啊，好像是去一个遥远的异国旅行，沿路都很开心，就算心里知道，绝对没有机会在那里定居。

——蔡康永

在电影《爱你一万年》中，受不了历任女友的男主角，不想再进入一段制式僵化的感情关系，因缘际会下认识了来台学中文的日本女主角。两人签订了一纸以分手为前提的恋爱合约，载明这段恋爱以90天为限。一旦女主角三个月后必须回日本时，情侣关系也将戛然而止。

对电影中的男女主角而言，这不单是一场注定夭折的异国恋情，其实彼此也是一个陌生的国度。当两人决心谈恋爱的时候，就等于是拿到了对方亲手授权的旅游签证，他们得以到彼此的生命中走一遭。

我的一位女性朋友，经由朋友介绍认识了一位男士。男人各方面条件非常优秀，学养、职业、兴趣、价值观等，都与我朋友相当契合，几乎可说是她的真命天子。

随着交往时间愈来愈长，我朋友发现在那些看似契合无比的心灵层次之下，她完全无法忍受男人的生活细节。

只要男人超过三天没把袜子丢进洗衣篮，女人就会忘记两人看完电影时能聊上一整晚的畅快；或是男人将看完的书随手丢在床边时，女人就会忘记男人谈起书本内容时，有多么令她崇拜。

哪怕男人是一个多么完美的存在，那些深交过后发现的枝微末节，都教她退避三舍。

男人就像是一个陌生的国度，女人当初发现风景纯朴、鸟语花香，是她梦想中的国度，是她甘于老死一生的居所，但时间一久，她才发现此处的日常饮食习惯让她肠胃不适，发现巷弄里恶臭扑鼻。

女人一开始对于此地的喜爱，完全掩盖不了她对细节处的厌倦；即使尽力去适应这个地方也力不从心。她终于认栽，离开这个曾让她一见倾心的男人。

结束这段恋爱后，她说，离开男人，不代表她不爱了。事实上，她还是爱得要命，但她知道两人绝对不适合，绝对没有未来。

两人有无未来，通常与够不够爱无关，而是跟够不够适合有关。

即便爱意平淡如水，只要两人够适合，天长地久似乎不是件难事；一旦两人不适合，哪怕情感如何波涛汹涌，也可能在瞬间磨损所有爱意。

然而，残酷的是，有时就算你喜爱那个国度，也确定那里适合定居，但未必拿得到居留权。

曾在网络上看过一名女性分享她的恋爱经历：年过三十五岁的她，历经几段不欢而散的恋爱后，不再对婚姻怀有憧憬，只想谈段平稳静好的感情。

终于，在三十六岁生日前夕，她遇见了一个男人。两人同样渴望安定感情，也都不想走入婚姻。一拍即合的两人，很快地成为人人称羡的爱侣。

也许是因为过得很幸福,结婚的念头逐渐在女人心中萌芽,但男人并非如此。他们开始发生争执。男人不懂，他对这段感情完全忠诚、尽心尽力付出，为什么非得要婚姻关系加以束缚？

可是女人也不懂，男人既然能够完全忠诚、尽心尽力付出，为什么这么害怕多一层婚姻的羁绊？

某一天，女人早上起床时看见男人的睡脸，她突然醒悟：是自己让这段关系变得不再开心；如果她不要开始向往婚姻，或许他们还是能幸福快乐地过下去。

最后，她想清楚了。她还是极度向往婚姻，但她也明白男人不会妥协，于是只能由她妥协。她心中早已看清，就算过得再甜蜜幸福，最后两人终会分离。

拿到旅游签证，与一个人谈场恋爱，是一件容易的事；能否获得居留权，与一个人长相厮守，却不是单方面能决定的事。

电影《爱你一万年》中以分手为前提的恋爱看似荒谬，实则在现实生活中不断发生；最大的差别只在于，大多数的人并不愿意承认自己的恋爱，打从一开始萌芽，就是走向分手的起点。

所谓以分手为前提的恋爱，说穿了，就是两人没有未来。而那些早已意识到两人没有未来，却还义无反顾去爱的人，其实早在无形中，签署了如同电影中的恋爱合约。

话说回来，或许就是由于早知道一段恋爱不会有结果，所以反而能谈得尽兴，爱得开心。

　　因为知道这只是一趟短暂的旅途，所以没有多余的妄求，没有严苛的标准；因为深知不会久留，所以才愿意用尽全力去珍惜。

　　爱情的现实与无奈，正如每个人生活的处境。你可以到许多地方旅行，在异国留下足迹，但最后，只能选一个地方定居。那个地方未必最美、最令你喜爱，甚至可能很不起眼、乌烟瘴气。而你选择在那里定居的原因，仅仅只是因为最适合你，且你拿得到居留权。

12 爱情最难的是如何坚持

最让人难受的不是爱情半途而废，而是对方认为前功尽弃，这份关系一无可取。

——大 A

没人喜欢半途而废，但多数人也常常半途而废，包括爱情。老实说，对某些情侣而言，半途而废搞不好还是件好事。毕竟，半途而废不代表从此不再重拾热情、返回轨道。

有时候，在一段关系里久了，或许两人已经心力交瘁，只为撑住爱情的梁柱，避免情感崩毁；倒不如放过彼此，虽然仍会心痛不舍，但末了还能留个好聚好散的局面。

　　爱情就像部车，载着两人前进，就算小心翼翼地操作方向盘、换挡加油，但不可预知的因素太多；你永远不晓得爱情什么时候会突然抛锚，载不动两人继续往前。

　　车子都发不动了，还硬撑着不下车，不过是浪费生命。

　　只要两人有共识，最后还不至于落得恶言相向。

　　然而，爱情里最伤痛的，莫过于你还认真地看着地图替对方指路，想帮忙顺利将这部车开往美好未来时，对方突然说要下车，并且不忘指责你没有方向感，害他走了不少冤枉路。

　　曾听朋友转述过一个故事：有对情侣从求学时代就开始交往。两人都没什么钱，一起精打细算、各卖场比价，吃面时连叫盘小菜都要考虑很久，过着节俭的生活，就是为了将来能够结婚。

　　历经男人当兵、退伍，两人都开始工作赚钱。即使收入都很稳定，他们还是不敢太挥霍，仍然勤俭度日，朝着同样的目标前进。

　　好不容易存了一笔钱，总算可以筹备结婚事宜，连婚纱照都拍了，男人竟在这关头退缩了。他告诉女友，他很害怕，怕一旦结婚了，两人还是得过着节俭的日子；明明收入不输人，却从来不知道享乐的滋味。

沉浸在梦想成真的喜悦中的女友不以为意，认为男人只是婚前常见的焦虑，好言安慰他，说有时当然可以放松一点她没想到男人坚决要分手，理由是：如果继续跟你在一起，我就无法放松。因为我们生活的模式就是这样。我累了，走不下去了。

十一年来的努力，前功尽弃。过去的美好回忆瞬间被否定，仿佛是阻碍男人追寻快乐的绊脚石。

多么讽刺也多么残酷的下场。原本是为了将来所做的种种准备，在男人心里，竟然变成他无法承受的压力。

爱情里最难堪的，莫过于你还做着美梦时，不知道身旁的他何时早已清醒，还盘算着该怎么打碎你的梦；而他对于未来的蓝图中，早就没有你的存在。

甚至你必须从他的生命中消失，他的人生蓝图才得以实现。

记得有个曾当了五年第三者的朋友说，她最痛的不是那个有妇之夫离开，而是男人最后抛下的一句话：拜托你不要跟我联络了；有你在，我跟我老婆没办法真的和好。

接着，男人又铺天盖地指责我朋友不够乖、太贪心、无法对他的事业有助益，仿佛她这个人的存在本身就是个错误。

相恋时，放屁打嗝都是情趣；不爱了、不要了，就得一一清算对方所有缺点，以示有充足理由必须从这段感情里脱身。

难怪朱德庸会说：如果你不知道自己的缺点在哪儿，只要谈一次恋爱分手，对方就会从头到尾细数一遍给你听。

被否定的，不只是过去努力经营的情感，还包括自己。

最让人难以忍受的是，他说的往往一针见血。因为过去他努力包容这些缺点。毫无疑问，他比你还了解你的丑陋之处。

你之所以那么难过、愤怒，不是因为他扭曲事实，而是你气他为什么不愿意再继续包容下去。

朋友说，前男友在分手几个月后，就在社交网上贴出与新女友的合照，并且加注几行文字：经过迷路、走错路之后，终于跟对的人走在对的路上。

朋友气呼呼地表示：什么叫作迷路、走错路？我都没说当初跟他在一起是鬼挡墙了！

有时候，你并不是那么舍不得一个人、一段感情，只是对于自己也曾参与其中的过去被对方狠狠否定，感到心有不甘。

其实，你本来就无法控制对方怎么看待你与这段感情。换个角度想，如果非以这种方式才能断得彻底，也许代表羁绊太深，现在才不得不用激烈手段来换取各自的空间与自由。

倘若对方不是执意果决下车，已经同床异梦的两人，也不可能携手走向共同梦想的未来；倘若他没有毫不留情地指出你的缺点，缺点往往是盲点，你也看不清自己在爱情里，有时候其实真的令人想退避三舍。

如果人生是一次旅行，那么每个遇到的人都是来陪你走一段。
的一生只有一次的缘分，珍惜一起走过的那一段就好。

13 看得太清楚，幸福反而变远了

一个幸福婚姻的基础是，两人相互之间的误解。

——王尔德

在恋爱或婚姻中，别以了解对方为荣，更别处心积虑地想了解对方。因为彼此了解有多深，痛苦就有多深。

读过一本散文，作者写道：她无意间发现自己的教授已经有外遇长达三十年。而且教授只让小三知悉自己的性癖好，原配却一无所知，到临终之前还认为丈夫是个温和有礼又专情体贴的好男人；她的误解，让她拥有一桩非常幸福的婚姻。

维持一段关系，了解对方是必要的，但了解的程度最好浅一点，宁可只知道他喝了酒回家习惯要喝一碗热蛋花汤，也别明白他出门喝酒是由于不想一下班就得回家看见你。

若希望长久幸福，最好的方式就是别太了解对方，甚至彼此误解。

误解造成误会，了解导致成见；误会是一时的，成见却是永远的。

两人之间的误会，解释清楚就没事了，两人还是傻里傻气快快乐乐地在一起；对他的成见，让你就算是进了棺材，心里还是带着一堆解不开的死结。

我看过一个朋友的真实故事：她与丈夫结婚没多久就生了孩子，孩子还不到两岁，先生就提出分居的要求，说是想独自到外地打拼，专心冲刺事业，才可以给他们母子更好的生活。

虽然分居之后，先生如他所承诺，贡献更多家用，但我朋友却不屑一顾，一天到晚哭诉：都在一起十几年，她太了解丈夫了；当初丈夫根本不想结婚，可是她怀孕了只好赶鸭子上架；现在他单纯想逃避家庭责任，才选择用钱换自由，根本不如他所言的那么伟大。

姑且不论先生的心态为何，很显然，我朋友的痛苦全来自于她对丈夫的了解所导致的成见。

　　如果她从来不了解先生的心思，从来不了解先生的个性，也许她现在能够心甘情愿地带小孩，满怀希望地期盼一个美丽的愿景。

　　追根究底，自以为了解而产生的成见，导致了最大的绝望。

　　想拥有幸福的关系必得需要退让，更残酷点说，有时需要睁一只眼闭一只眼。误解对方其实能让你更容易为他找借口，你也更容易相信这个借口；一旦太了解对方了，连想编个周全一点的谎言欺骗自己都困难，这不该看清的另一只眼又该怎么闭上。

　　总而言之，你们把彼此看得太透彻，幸福反而就模糊了。

　　说穿了，能够误解对方，意味着他还有机会安抚你，你们俩的关系还有一条活路走；但太了解对方，就代表他连申冤的机会都没有，直接被打入十八层地狱。

　　了解一个人的劣根性会造成自己的痛苦，然而，了解一个人的优点则会造成双方的痛苦。

　　我听一位男性朋友说，跟女友在一起愈来愈不快乐。随着交往的时间愈长，女友愈了解他非常有耐心，尤其对女朋友更发挥到极致。但这份了解没有带来心有灵犀的默契，反而时常造成两人的争吵。

　　因为女友了解到他的耐性异于常人，时常不顾他工作繁忙，把许多琐事丢给他做，就连共同的旅行行程也要他一手规划。假如他稍微表现出不满，女友就会说：你不是很有耐心吗？为什么现在这么容易不耐烦，你是不是不爱我了？无理取闹的模样跟以前的温柔贴心简直判若两人。

在这段过程中，男方也渐渐了解到女友根本不体贴。两人的心愈离愈远，更别说拥有幸福的感情生活。

人性都很贱，拿别人的劣根性折磨自己，却用对方的优点折磨彼此，要求他好还要更好；哪一天他出了差错，你就穷追猛打，再深刻的了解都变成蹧践。

我常听到人说，只要另一半屁股动一下，就知道他下一步要干什么。这其实有点悲凉，那代表他在你心中就是那个样子，偏偏你又暗自期待他这一次会有什么不同；可惜总是事与愿违，失落感便加深了。

不只你对他如此，他对你也一样。在这种循环里，没有一段关系会使对方感觉到长久的幸福。

在想着两人是否了解彼此之前，不如先好好了解自己想要的是什么，究竟是看透一个人重要？还是两人快快乐乐在一起重要？

说不定，当你真正看透一个男人之后，你会宁可自己从来没有了解过他。

14 那些被谎言支撑的爱情

整个世界都在帮人说谎话。因为谎话是保持亲密关系的重要配备。

——张曼娟

每个人都希望另一半对自己诚实以待。但讽刺的是，一段幸福的感情，必得靠着许多大大小小的谎言支撑。往往一个男人对你说谎，是因为还爱你，还想留住你；而若是你还想与他继续相恋，你就得听信他的谎言。

曾看过一段脱口秀，主持人教导男人们，如果发呆时冷不防被女朋友问一句：你在想什么？哪怕只是在想昨天那场电玩连线打得真过瘾，男人们都得回答我在想你。更进阶一点的人，还可以答道：嗯，我只是在想，自己怎么会这么爱你。

这是个小谎，无伤大雅的谎言，但本质上终究是不诚实的。可是，女人听了就舒坦，有可能本来还生着闷气，一听到这话马上笑逐颜开。

若说人希望另一半对自己诚实，恐怕说得不够准确。应该说，人都只希望对方能坦白地表现对自己有益的心思；而那些会伤害到自己的，就暗地里盼着对方最好将那些可怕的秘密带进棺材。

听起来很鸵鸟、很懦弱，可人一陷入爱情就会变得懦弱。

人可以为了心爱的人变得坚强，却也会懦弱地害怕失去眼前的幸福。人一懦弱，就会选择妥协。在感情里最常见的妥协，就是说谎，以及相信谎言。

我认识一对情侣，爱情长跑了九年。男人常常深夜跟哥们出门鬼混，其实也只是打打牌、聊聊天，没有什么太脱轨的行为。但每次女友打电话或传讯过来，他总是回答要睡了，待会儿手机就关静音了。

而他的女友，也未曾在晚安简讯之后打电话或传讯给他。

　　其他朋友打趣说，这女人也太天真，交往九年还傻傻相信男友真的会乖乖去睡觉吗？

　　男人说，她怎么会不知道？只是现在两人都学聪明了。以前他太老实，总是一五一十地报备行程；两人一定吵得天翻地覆。后来他不想吵了，干脆撒点小谎；幸亏女友有默契，也接受这谎言，心照不宣。两人感情反而还比之前好。

　　两个人恋爱是需要让步的。通常男人的退一步就是说谎，而女人的退一步就是相信谎言。没有谁对谁错，各自退一步，是为了还要这段感情继续走下去，还要一起幸福下去。

　　如此不潇洒的退让，才是爱情的本质；太过实事求是，反而像在办案，只求争个输赢，却输光了幸福。

　　有个熟女，跟个小自己二十岁的男人在一起。男人年纪还轻，心不定，时常拈花惹草，跟网友开房间就骗女友说在加班，垃圾桶里有用过的保险套，男人竟说自己无聊在家灌水玩看看有没有破。种种谎言，女人照单全收。

　　朋友骂女人笨，活到这把年纪还被小男孩耍个团团转，女人只说：至少他还肯骗我。

　　撒谎的男人即使可恶，但老是坦白一切恶行的男人，才真的是令人发指。

　　说到底，扯谎也得费力。说谎这件事，证明了男人还肯对自己花心思，似乎只要确定了这一点就聊以自慰了。

　　况且，恋爱中女人最大的天赋，不只是相信男人的谎，而是对自己说谎，骗自己男人说的不是谎，是真心话。

　　相信了男人的谎言还不够，女人还得再骗自己，这谎言才彻底，幸福才会长久。

　　当对方实际上已经无法给你真正的幸福时，你只能自己给自己。而要能做到这一点，第一步就是骗过自己。

　　不只是你听着听着就相信了，很多时候，对方的谎言除了说给你听，其实也是说给他自己听，骗着骗着就好像真有那么回事了。当两人都弄不清真假的时候，往往也是最幸福的时光。

　　话说回来，直到有一天，你突然想把所有事情弄明白，想搞清他话中真伪的成分时，其实那代表你已经不肯再为了维系这段感情，懦弱地妥协，傻傻地被骗。那时你会觉得知道真相比什么都来得重要。他懒得扯谎了，将会令你心碎的细节交代得清清楚楚时，他的确做到你一直想要的坦承，但那也是爱情宣告不治的一刻。

　　然而，似乎也不需要觉得太可惜。因为你再过一段时间，便会又愿意听信另一个谎言，相信另一个肯为了你说谎的人。

15 陪伴是最长情的告白

男人只爱一种人，就是自己能带给她幸福的女人。

——法国剧作家马塞尔·阿沙德

曾看过一段话：女人会记得让她笑的男人，男人会记得让他哭的女人；可是女人总是留在让她哭的男人身边，男人却留在让他笑的女人身边。

女人不是天生犯贱，而是留在让她哭的男人身边，会让她觉得这段爱情是伟大的；也不是男人够理智，而是留在让她笑的女人身边，会让他觉得自己是个有用的男人。

　　每个人都知道爱情必得付出，但也有太多人将付出曲解为可怜兮兮的牺牲奉献，尤其女人，女人不怕吃苦，只怕男人不知道自己有多苦。

　　我问过一个男性朋友，男人是不是都希望找个能一起吃苦的女人。他想了想，说道：当然啊，不过，也不能太苦啦。

　　所谓太苦，没有一定的标准，但大多数男人，会从身边女人的表现来判定是否苦过了头。

　　就某方面来说，男人是很自私的，他们想找个愿意一起吃苦的女人，却又希望女人吃了苦，还能笑得跟公主一样幸福。

　　哪怕你心中像是吞了五斤黄连，你还是得一副吃了蜜糖似的样子，否则，等于是在指责他是个没用的男人，给不了你好日子。

　　结婚没多久的朋友离了婚，主因是先生在外面有了女人。签字那天，先生哭得差点断气。

　　原来，他们夫妻的经济状况一直不太好，太太也没抱怨，只是兼了两份差，一个便当分两餐吃，把钱省下来给先生周转。

　　先生说，有时看到太太紧皱眉头的睡脸，他就难过自责，好像太太把现实生活的苦也带到梦里去了。

　　某次加班时，他为了慰劳一起加班的女同事，买了珍珠奶茶请她。那女同事笑得像个孩子似的说：真好，跟你加班一点都不累。

就是那个笑脸，让他一脚踩上出轨的路。

你愿意为他付出，原意是想分担他的忧愁；如果你将那苦刻在脸上，就算你牺牲得再彻底，帮他扛起一片天，对他而言，你只是让他心头的重担更往下沉。

他宁可不要这么伟大的你。因为你伟大，就显得他渺小；你咬牙苦撑，就显得他连让你幸福快乐的基本能力都没有，简直算不上个男人。

与其如此，男人宁愿选择一个不会为他牺牲奉献，却能成天快快乐乐的女人。日子再怎么苦，至少他还有让一个女人开心的能力，这是他唯一能给自己的肯定。两人一起笑笑，虽没实质效用，心头却宽慰不少。

多么可笑，到头来，男人要的就是这种心灵上的安慰剂。

毕竟，男人的爱，必须得靠他的自信才灌溉得出来。

可女人都会怕，怕男人看不到自己的付出而轻易给别人勾引走，于是企图用一脸苦相唤起男人的心疼与不舍。

然而，女人也常常忘了一件事，爱情里必然包含着心疼与不舍。但是心疼与不舍中，未必带有真正的爱情，更多时候，只剩下愧疚。

我听过一个真实案例，有个大老板，每个月花一百多万包养数个女人，但他始终有一个正牌女友，在他心中，那女人永远是老大。

因为女友年轻时陪他苦过，熬了十几年，所以他不可能抛弃她。

听起来，这大老板很有情有义，实际上，却也有点悲凉。

世界上最沉重的情感之一就是愧疚。一旦男人感到愧疚或是亏欠，烂一点的会干脆一走了之，好一点的会尽力弥补。

只是，当一个人的付出源自于亏欠时，就是爱情死亡的时刻。爱情不再是两情相悦的付出，只是陈年旧债的偿还。

就像案例中的大老板，即使他让正牌女友予取予求，给她很多很多零用钱，然而他的爱情已经不再忠贞，他的激情留给了从未亏欠的女人。

爱情也许能够永恒，可是债务会有偿清的一天。等到他觉得还清了，就是你们恩断义绝的时候，而你永远不知道他什么时候认为还清了。

况且，他的弥补，不是为了你，只是为了让自己好过，证明自己还有点人性，免得落个狼心狗肺的臭名。

话说回来，实在也不必急着骂男人忘恩负义。男人有权选择一个在他身边显得幸福快乐的女人，你当然也有权选择待在不会亏欠你的男人身边。这样的爱情似乎不够伟大，但唯有不够伟大轰烈的爱情，才可能有长久的幸福。

当爱不存在的时候，还有多少个婚姻存在？又有多少婚姻不存的时候，爱依然在？

16 念旧会让你受尽煎熬

这世上最重的物体，是已不爱的女人的身体。

———法国作家 沃维纳格

为什么近年来这么流行断舍离的观念？

很简单，因为绝大多数的人都做不到。

念旧是天性，用在感情里，却变成一种凌迟的折磨。

尤其很多女人不仅自己念旧，还老是幻想前男友也对自己旧情难忘。

于是有不少女人，在男人提出分手后，还执着地要再见面，想挽回这段感情，甚至是，想尽各种办法勾引男人，以为只要两人再温存一次，就能挽回男人的爱。

毕竟，他曾经那么渴求你的爱与身体，不是吗？

可惜的是，对男人来说，当他对一个女人的爱消失殆尽之后，任凭女人的身材再好，都不过是一具再普通不过的躯壳，远不及路上正妹来得有吸引力。

虽然大家都说男人是下半身思考的动物，但同样是在没有爱的前提之下，唯有不黏牙的对象，才能勾起他的兴趣。

所以，在他眼里，素昧平生的路人，绝对好过你这黏牙的旧情人。谁知道跟你温存一回，要付出多大代价。想到这里，稍微有点脑袋的男人都应该宁可去夜店捡尸，也不愿捡个背后灵往身上背。

只不过，要是在分手之后，男人还接受了你的身体，不代表他接受了你的爱，那背后往往隐藏着更不堪的动机。

有个女人不甘心前男友交了新女友，便日夜在男人家门外徘徊。她想，只要可以进男人家，两人甜甜蜜蜜一个晚上，男人一定会回心转意，但男人的态度始终非常强硬，请她别再来打扰。

某天深夜，在客厅看电视的男人突然闻到一股异味。前女友来了通电话，说自己在他家门口泼了汽油，再不让她进去，她就点火。

女人哭着说，当初分手时没好好说再见，她只想要一个温柔的道别，然后她就会死心。

最后男人妥协开了门，他抱着女人一整晚，听她说了一整晚的话。女人以为成功了，她甚至故意告诉男人的现任女友这件事，想不到现任女友异常冷静地说：他早就告诉我了，我不会因此跟他分手，你想当免费妓女我没意见，但真是委屈他了，虽然这是他跟一个疯女人交往过得付出的代价。

许多男人在遇到这种情况，还接受旧情人的身体，除了抱着玩玩的心态之外，更悲哀的是他想借此彻底打发你。

即使他抱着你、牵着你，心里想的却是时间可不可以赶快过去。碰到这种死缠烂打的女人唯有自认倒霉，现在只求一次的牺牲能够一劳永逸，从此再也不用见到你。

说穿了，你自以为的旧情复燃，对他而言却是爱错人的惨痛代价。

原本渴望眷恋的你的身体，也在瞬间成了最沉重的背后灵。

而那一次的温柔，不过是他想彻底摆脱你的驱魔仪式罢了。

因为他很清楚，不把你从生活中完全抹去，他不会有好日子过，更别说跟新对象过得幸福安稳。

本来分手后两人各据天涯一方，反而会生出一点美感。他偶尔想起你时，会庆幸两人爱情走到尽头时，不至于分得太难看；但女人硬要送上门去，不但蹧跶了自己，也蹧跶了这段感情。

　　我曾看过，一个男性朋友在提了分手之后难过地说，两人实在不适合走下去，但交往这么多年，也不必撕破脸。

　　想不到他的前女友却照三餐传讯息，一下子说做了男人爱吃的菜要送去他家，一下子又说下个月一起去旅行好吗。这些讯息让想要保持距离的男人不胜其扰。假如男人不回讯息，女人还会指责：他当初不是说不用撕破脸吗，为何连回讯息都不肯？

　　到最后，男人还是选择断了所有联络，搬了家，宁可恩断义绝也不愿多个没有自知之明的普通朋友。

　　男人不是不念旧，男人不是没有良心，但他们的念旧与良心往往都被这些女人给逼得消失殆尽。

　　但是有太多女人看不清这一点，不单只为了爱，也为了一点不甘的报复，始终不肯放过前男友，宁可紧追着他不放，也不愿意让他好过。

　　看起来，你的目的是达成了，可就另一个角度来看，前男友才是你身上最沉重的背后灵，阻挡你往新的幸福前进。

　　你怨不了谁，因为是你自己不肯离开那沉重的背后灵，你一点也不无辜，最无辜的是你们曾有过的真心。

17 算计会让你迷失本心

爱情的萌芽是智慧的结束。

　　　　　　　　　　　　——保罗·霍尔特

　　在爱情里，受伤最深、损失最惨重的往往不是笨女人，反而是一些绝顶聪明的女人。

　　聪明女人懂得计划工作进展，规划人生，一切顺利证明了她的聪明，于是恋爱时也不免要算计一番，认为自己的理性能够挑选到真命天子。

　　这不是说聪明女人都很势利，而是聪明的女人大多很理性，可是一旦谈起恋爱，这份理性却让她们显得更加愚蠢。

　　选择另一半应该理性一点，但太理性的下场，就是让这段感情隐含了太多条件。可惜爱情不能谈条件，谈了条件就伤感情，所以即使是真心相爱，聪明女人的脑袋里总有一张进程表：爱一个富商男友，往后不愁吃穿，逢年过节至少有名牌包；嫁给铁饭碗公务员，至少不用担心他会中年失业……

　　计划自己的人生很简单，算计男人能给你什么未来却难如登天。

　　因为那份进程表只能存在女人自己的脑子里，男人心思却往往不跟着按部就班。

　　某个聪明绝顶的女人，爱上个有妇之夫。男人说会离婚娶她。女人很聪明，知道男人只是哄她，即使她是真心爱他，也得为自己打算。

　　就因为爱情存在，她自有一份进程表，打算先跟男人耗着，反正男人供她吃喝玩乐。她也跟其他的单身男人约会，有好对象就从泥淖抽身，一方面还眷恋有妇之夫，另一方面也能确保自己不会面对感情空窗期的痛苦。

　　跟着进程表，她能走得很潇洒，走得让那个有妇之夫万分不舍。这是她对这份感情最终的算计，也是男人唯一能给她的将来。

　　某次跟有妇之夫幽会时，她故意谈起跟新对象约会看电影的情况，看见男人脸上复杂的表情，她很得意；没想到一出餐厅竟看见原配等在门口，男人当街下跪求原谅，说心中从来只有原配，没爱过她，然后转头告诉她：你走吧，我要跟我老婆回家。

接着换她下跪求男人，说自己不能没有他，所有算计都是假的，依恋是真的。她在这段感情中原本仅存的理性，最后更凸显出她的愚蠢与狼狈。

追根究底，爱情毁掉了一切精明的算计。

能算计的，充其量只是目标，不可能是真正的幸福。然而，在爱情里也精于算计的女人，却往往因为太渴望一个遥不可及的目标，反而看不清自己在当下有多不幸、算不出已经损失了多少，最后细数才发现，完全不符成本。

尤其当女人聪明惯了，就不可能承认自己从开始就爱错人，聪明反被聪明误，一错再错。

笨女人就不同了。笨女人什么都不会算，只求有个一心一意爱着自己的男人。不懂算计的笨女人，在乎的是爱情的过程；精于算计的女人，在乎的是爱情的结果，最后往往殊途同归。机关算尽的女人，并没有比傻头傻脑的女人更幸福。

面对爱情，勇于先承认自己的无能，会变成勇敢；不愿意承认，就成了愚蠢。

不只算计男人能给你什么未来是愚蠢的，算计自己能给对方什么未来也同样愚蠢。

有个女人爱上个穷小子。她很爱他，却也知道自己没办法一直爱着一个穷光蛋，所以她拿出积蓄供男人进修，期盼他条件变得更好。她拼命赚钱，为两人的未来奋斗。她心里计划着，努力三五年，结了婚，男人也会念着这段苦日子，不会背叛她。

男人也很争气，收入是变多了，但还是不够。几年过去，女人发现进程表严重落后，她心力交瘁，无力再继续这段感情。

起初因为爱情，女人学会算计；却也因为算计，压垮了她的心，一并压垮了爱情。

也许面对爱情时，每个人心中免不了有些许算计，但很多人会忘记，更多时候，爱情需要的是运气，不是算计。

艺术大师安迪·沃荷（Andy Warhol）曾说：最好的爱情是那种"不去想它"的爱情。

无论是算计着对方能给你什么将来，或是算计自己能给对方什么将来，当你这样处心积虑地思考着的时候，或许意味着你心知肚明这段感情没有将来。

与其这样，不如去爱一个你无须算计的人，谈一段无须算计的恋爱，不聪明，不愚蠢，却能真实享受到爱情带来的幸福。

18 爱不只是幸福，更是磨难

我爱你这件事，与你无关。

——德国作家歌德

比起沉默的单恋，相爱有时显得丑陋得多，尤其是自觉深爱着对方的女人，更教人厌烦。

爱情最纯粹也最美好的时刻，仅止在单方面的恋慕. 一旦两个人开始相爱，便会逐渐露出爱情残酷且真实的一面。

在好感萌芽的开端，人总是盼望着对方好，仿佛只要能够全心全意爱着他便已足够。但有太多人到后来，是为了被爱，而去爱人。

我爱你，我为你奉献一切，我为你放弃多姿多彩的社交生活，我为你低声下气委曲求全，为什么你对我这么冷漠，为什么你毫不在乎我的感受，为什么你不能多为我着想一点……

如果早早看透我爱你这件事本来就与对方无关，也许爱情不会这么痛苦，不会提早走到尽头。

太多太多的嗔怪与埋怨，起源于想将自己的爱与对方的爱挂钩。原本以为可以包容一切的爱，却由于我爱你，变得不能承受对方的冷漠、借口、漫不经心；爱情开始出现了许多要求，需要对方安慰，需要对方承担许许多多在爱你之前不须承担的责任。

此时的我爱你，再也不是当初你好就好那般单纯的初衷；我爱你，不过是一项条件，以换得你也爱我。

于是，做不到"我爱你"这件事，与你无关；最后就只能走向"我无法继续爱你"这件事，与你有关。

身边有位女性长辈，从很年轻的时候就跟了一个男人。男人待她并不好，拈花惹草不说，还爱玩些高风险投资，赔了钱总要她收尾。

虽然女人从没抱怨过，反而男人常对她说：我就是这副德行，你要是受不了就走，我不会留你。可是她仍旧留在他身边，不怪罪、不指责，默默度过几十个寒暑。

就在他俩都老去的时候，女人已经攒了一笔钱，打算用来让两人养老。某天她突然发现，户头已经被提领一空，账户上仅存的几块钱，单薄得像男人这辈子对她的关怀。

很多人心疼她傻、骂男人狼心狗肺，但她只是淡淡地说：早就知道他很烂，我可以选择离开，可是我没有。问题在我，没必要把错推到他头上。

多么凄惨，也多么潇洒！对她来说，凄凉下场的前因后果是爱，而不是你。

事实上，有太多人认为自己之所以伤心落魄，都是因为对方，似乎把责任推到他人头上就会好过一点。

爱情本就是一场喃喃自语的独角戏。舞台上出现了另一个人，不代表他就有责任陪你一起把戏演得圆满。可惜人都是朝三暮四的动物。有了另一个人出现，就急着把眼光放在对方身上，自己这场爱情戏开始演得荒腔走板。

那些只能单恋的人，不能理直气壮地要求爱慕对象。此时爱没有任何权力，即便心头苦得发涩，对方仍是照常生活吃饭睡觉。所有爱的酸甜苦辣，只能自己品尝。关于爱情的独角戏，反而能演得通透彻底，不干扰其他人的快乐。

只不过，大多数的人倘若有幸与另一人相爱，就没那么容易放过对方，下场就是原本最美好的爱情被放逐了。

我耳闻过一位男性朋友的经验：随着他与女友交往的时间愈来愈长，女友对他的束缚也愈来愈多。

本来会体谅他工作辛苦需要放松，常常催他出去跟朋友玩乐的女友，渐渐地不准他超过晚上十二点回家，理由是玩太晚回家睡觉对身体不好，我是为你着想；后来女友甚至不许他回老家，理由是你家人每次都跟你要钱，我是为你好。

这一切束缚，的确都奠基在我爱你之上，然而已经起了看不见的变化。

我爱你的初始，最重要的总是爱；接着变成，因为我爱你，所以你必须也爱我；到最后，我的重要性凌驾了爱或你，因为我爱你，所以凡事该按照我的方式。

这时候的我爱你，的确已与对方无关，却也与爱情无关，徒留自己的控制欲罢了。

说起来，相爱原来也是寂寞的。兜了一大圈，人的眼睛还是只看得见自己，偏偏还得把爱情与对方都给拖下水，一

女人爱一个男人，有可能终其一生，只有她自己知道。男人爱一个女人，若不能让她知道，那不如不爱。

起痛苦，一起作茧自缚。虽然如此，似乎还是拉个人一起受苦好一点。于是绝大多数的人还是选择相爱，也不愿意独自品味爱的苦涩。

然而，爱情若没有这些拉扯与丑陋，似乎也就不够深刻了。于是爱不只是幸福，也是磨难。

chapter 3

我们历经伤痛，

只为爱得更好

19 如果不爱，就请放手

拥抱一个不爱自己的男人，感受犹如死亡一样。

——深雪

主持人蔡康永写道：不爱，不会死；但是爱了，会活过来。只不过，若执意与一个不爱你的男人相拥，会让你逐渐成为仅能靠插管维生的植物人。

见过不少女人，即便明知身边的男人并不爱自己，却还是闭着眼睛固执地紧抓着对方不放，认为只要能维持这样的关系便心满意足。

有位美丽亮眼的女艺人，在节目中谈到过去的经历，交往许久的初恋男友劈腿后甩了她。即便所有的难听话都说尽了，女艺人还是死心塌地地爱着他。

就算知道男人与新欢甜蜜得不得了，她还是不断恳求男人回头；后来退让到她愿意当小三，男人不在乎她也没关系，只要让她还能留在他身边就好。

假如说贪得无厌是男人的本性，那这劣根性百分之八十是女人造成的。毫无意外，男人接受了这份请求。女艺人开始了她被呼之即来、挥之即去的日子。

女艺人说，刚开始她觉得很幸福，好像两人又回到交往时的亲密；即使想到另一个女人时会吃醋嫉妒，但当时的她认为自己可以因此而满足。

渐渐地，她愈来愈痛苦，尤其在拥抱亲吻男人时，她更感受到没办法弥补的空虚。最后她开始自残，留下一道道疤痕。

刚复合的时候，女艺人以为自己会复活，可是对方已经不爱她了。于是她因爱而生的生命力慢慢消失，却又无法彻底割舍男人，内心空洞远比失恋的痛楚还难熬。

有爱，才有在乎。当男人不爱你也就不会在乎你的感受，你只能追着他跑，完全被他的情绪操控，仿佛成为失去自主能力的植物人。

不爱你的男人就像呼吸器，仅能供你维持心跳，却不能带给你幸福与慰藉，比死还不如。

日本电影《乱步地狱》的其中一段，描写一个男人痴恋着女人。女人始终没有回应他的爱意。后来，男人杀了女人；将她藏在家中，让她穿上美丽洋装。女人死去的躯体逐渐发黑，男人便为尸体涂抹上五颜六色的颜料。

最后一幕，警方破门而入，看见男人把头埋进肿胀、腐烂的尸体中。男人察觉骚动，抬头望向镜头，双眼空洞，一脸木然。

其实，用不着杀人，光是与一个不爱自己的男人相拥，就像跟一具尸体相伴一样。

要一个男人拥抱着自己不爱的女人，无非是有实质上的考量，干脆出卖灵魂，徒留躯体空壳来谈这场恋爱。

身边有个女性朋友，与男友已经交往四年，但她知道男人从没爱过她。

男人长期工作不顺利，收入不稳定；身处人生谷底时碰上经济状况优越的女人向他示好，他便答应交往。

无奈感情不能培养，不爱就是不爱。男人还算恪守本分，知道自己接受了金援，该付出的代价就是顺从。他们几乎不吵架，不是因为恩爱，而是因为男人根本不在乎。打网球都得有来有往，面对一个对自己没有任何感情的人，连架都吵不起来。

有一次，女人的追求者找上门死缠烂打。后来她告诉男友这件事，想激起他的嫉妒心，但男人眼睛没离开过电视，淡淡地说：是喔。

男人的无所谓让女人既心碎也安慰，她想至少他很听话，不年轻的女人，或许谈不起风风雨雨的感情，平淡过日子也是种福气。

即使案例中的男人会吃饭、走路、睡觉，事实上，他跟电影《乱步地狱》里那具尸体没什么两样。

很听话，不争吵，任由女友操控，但那又如何？他即使没死也像具尸体般冷冰。拥抱着这样的男人不会感到真正的幸福，还会从心底泛起恶寒。

哪怕你的满腔爱意再火热，终究温暖不了两人失温的关系。到最后，你仅存的一点对幸福的向往也将逐渐被冰冻。这份感情没能让你活过来，反而渐渐凋零。

况且别忘了，当男人如同尸体般任你摆布时，那意味着对他来说，这段感情不值得他用真心与灵魂去经营。他不会永远如此，一旦遇见能够让他活过来的另一个人，男人会头也不回地离你远去。

到最后，你什么都没留下，没有任何相爱的回忆，这段感情是一片空白，你甚至不知道被爱是什么感觉。

勇敢去恋爱，无论是爱高富帅或矮穷丑，都会让枯萎的心再度复苏；但拥抱着一个不爱你的男人，只会令你活得生不如死。

20 错误的人会压垮你的人生

不幸的爱情，往往像死缠烂打的债务人的一张到期不付的
借票，会加你利息的。

——巴尔扎克

描写失恋分手的歌不少，某首歌的歌词写道：跟你借的幸
福，我只能还你。

倘若是一次只需要偿还幸福的分手，其实很值得庆幸。因
为有太多错误的爱情，让人不只失去爱情，甚至赔上意想不到
的东西。

　　说穿了，与错误的人相恋，就像一笔天价的刷卡消费，买来短暂的幸福快乐。继续下去的不幸爱情，则像是信用卡的循环利息，永远没有缴清的一天；利息只会愈来愈重，压垮你的人生。

　　我曾在朋友的店里看见一个中年女子，非常沉默，脸色惨白，结账时她跟朋友说：我明天又要进去了。

　　我后来才知道，女子要进去的地方是精神病院，她被判定必须长期在院里接受观察，只有偶尔几天可以出院。

　　看到她现在的样子，恐怕很难相信，过去她曾是个前途一片光明的女人。

　　优秀的女人，往往在爱情上栽跟斗。她爱上的男人有特殊的性癖好，为了爱情，她咬牙接受。可是男人没有因此而满足，变本加厉地要求自拍，她同样让步接受。接着，男人开始用那些私密照勒索她。

　　生怕照片曝光的她花光了积蓄，绝望的她将脑筋动到另一名爱慕她许久的男性身上。这位男性事业有成，能够给予金钱上的帮助。于是她瞒着两边，左手拿了钱，右手随即将钞票丢入一个不见底的深渊。

　　最后东窗事发，即使私密照没有曝光，但那位对她照顾有加的男士也离她而去。就算日子看似回归平静，长期精神处于紧绷状态的她却崩溃了，数度寻死。现在，她只能在院方的监控下生活，别说爱情，连最基本的自由都丧失了。

起初，早在她知道男友的性癖好时，就该知道这份利息她缴不起。她并没有意识到这一点，到最后还得挖东墙补西墙，利滚利的下场不仅无法偿清，反而失去更多。

不幸爱情的循环利息最可怕之处在于，它让你高估自我能力，错觉自己还得清。即便每一次的利息都愈来愈重，但身处恋爱中的人根本意识不到这点；相反，还会将不幸视为爱的升华。

人的包容力有时超乎想象。一旦你忍受过他用脏话辱骂你，下次他动手打你时，相较起来，言语霸凌的伤害似乎不算什么；此时你为爱情缴出的循环利息已然失控，早就超出你的限度。

身处在错误的爱情里，纵使一次又一次提高自己缴费的额度，也不能提早享福。因为，利息增加的速度与幅度已在你一次次的忍让中飞涨。爱情往往比银行还嗜血，一旦发现你能够提高缴费能力，便无止境地加重利息。说到底，一切竟然都是咎由自取。

或许这就是爱情最吊诡的地方，它总是让人高估自己的能力，却低估爱情带来的伤害。

尤其是在一段错误的爱情中，往往没有纯粹的被害人与加害人，大多是双方各自被错误恋情的不幸压得喘不过气；谁先崩溃，谁就成了加害人。

正如现代情杀案件层出不穷，前阵子还有位年轻女性被不甘分手的前男友刺杀致死。看起来，男方就是个不折不扣的加害人，但或许对他来说，这段恋情带给他的痛苦已经远超过负荷，逼得他要以如此决绝的手段解决。

面对不幸爱情的循环利息，两个人都得付出代价，只是形式不同罢了。

有些人，尝尽了爱情的苦头，最后选择剪卡，放弃追寻爱情的幸福。这样一来，虽然不用再冒爱错人的风险，但也代表在无形中，仍在缴交着上一段错误爱情的循环利息。

其实，别把爱情想得太轻松，即使是幸福的爱情也有利息得缴。与不幸爱情最大的差别在于，幸福的爱情能够商量，而不会一味地将愈来愈重的利息加诸在你身上；你当然也不用拼命地提高缴费额度，只要在能力范围内付出，就能享受爱情带来的快乐，更不会朝三暮四，想着跳槽到另一段利息更低的爱情里。

21 没有过相互折磨，如何深情相拥

其实假装的爱情比真正的爱情更完美，这就是为什么很多女人愿意受骗。

——巴尔扎克

有一次，朋友聊起她的某任前男友，说回想过去几段恋爱，跟那个前男友在一起最开心。

我感到疑惑，因为据我所知，那个男人并不是对她最好的一任男友。

她想了一下，答道：因为对他感情最浅，他也不是太重视我，没什么好在意，反而在一起最自在、最开心。

乍听之下似乎不太合理，但仔细想想，倒也没错。

每个人都以为，能跟最爱的人在一起才能得到极致的幸福，然而事实并不然。

当你很爱、很在意一个人，就会希望他了解你、在乎你。这似乎是人的通病。对于他愈重视，要求愈高，搞得自己愈不快乐，甚至让爱转瞬换上另一副可憎的面具。

曾有名脱口秀主持人在节目上说：假如你不曾想杀了另一半，那你一定没有真正爱过。

听起来好像太过偏激，事实上，他只是说出大多数人不愿意承认的实情——爱的黑暗面。

前阵子有个震惊社会的新闻，一名老翁怀疑情人变心，竟将情人的五官割下。虽然经抢救之后，女人得以保命，但已经确定她毁容的命运。

经历半个月的医治，女人接受了电话采访。她说，她无法原谅老翁的行为，但是一想到老翁年事已高，她不舍看见他去坐牢。

而犯下骇人罪行的老翁则说，不管未来情人的容貌变成什么模样，他都会继续照顾她。

或许很多人会批评他们的情感太扭曲，根本称不上是爱，可是就某方面来说，这个事件其实演绎出爱最真实、残酷的一面。

正如《爱情转移》里唱的：恋爱不是温馨的请客吃饭。

所谓真正的爱情，甜蜜幸福的背面往往藏匿着憎恨、控制、责任、占有欲、怀疑、牺牲等不讨喜的特质；人们竭力隐藏，却又在爱意逐渐加深时，一点一滴泄漏出来。

就像日本小说《OUT 主妇杀人事件》中某个角色所言：所谓憎恨的感觉，乃是基于一种希望和对方融合为一的欲望。

倘若爱得不够深，怎么会希望和对方融合为一，又怎么会衍生出憎恨的感觉？

当然，这并不是说，幸福甜蜜的爱情就是虚假的，非得双方反目成仇才有资格说真正爱过。

因为，爱情不能二分成虚假或真实，而是包括了两者。随着两人的爱意加深，从虚假走到真实，只是次序性的问题。

我的一位朋友，谈起了办公室恋情。刚开始的每一天，她带着兴奋与热恋的甜蜜去上班。对方是一位新进业务，几次在茶水间闲聊，好感便滋生了。

　　为了避免流言蜚语，加上公司明文禁止办公室恋情，他们协议好保密条款。朋友觉得这没什么大不了，反而觉得格外有情趣。工作时还能与恋人相处，根本是求之不得的幸福。

　　慢慢地，她愈来愈不满。为了当初的协议，她必须眼睁睁看着其他女同事对男友献殷勤，却不能光明正大捍卫主权；或是在公事上，耿直的男友将她与所有同事一视同仁，从不私下给她任何特权，也让她抱怨连连。甚至到最后，两人恋情东窗事发，主管知道后勃然大怒。为顾及男友前途，女人只好黯然离职。

　　从一切完美无瑕的幻想，直到这段感情开始出现了必须为对方牺牲、忍耐，进而衍生出嫉妒、不满等情绪，虚假的甜美糖衣终于被两人吃尽。接下来入口的才是爱情真正的滋味，有时让人作呕，有时让人想拒吃，但有时似乎又吃得最顺口。

　　其实那完美的幻想，并不是恶意的欺骗，是大多数感情发酵的起点，是还不能称得上是爱情的互有好感、喜欢、暧昧，甚至只是一种单纯的欲望，想与对方相伴的欲望。

　　起点总是美好无缺的，让人产生错觉：过程也会如此快乐，直到终点。于是很多人便义无反顾地走上爱情这条路，愈走愈阴森，却也离爱情的本质愈来愈近。

　　幸亏多数人受骗，即使到后来尝尽憎恨、怀疑、控制、牺

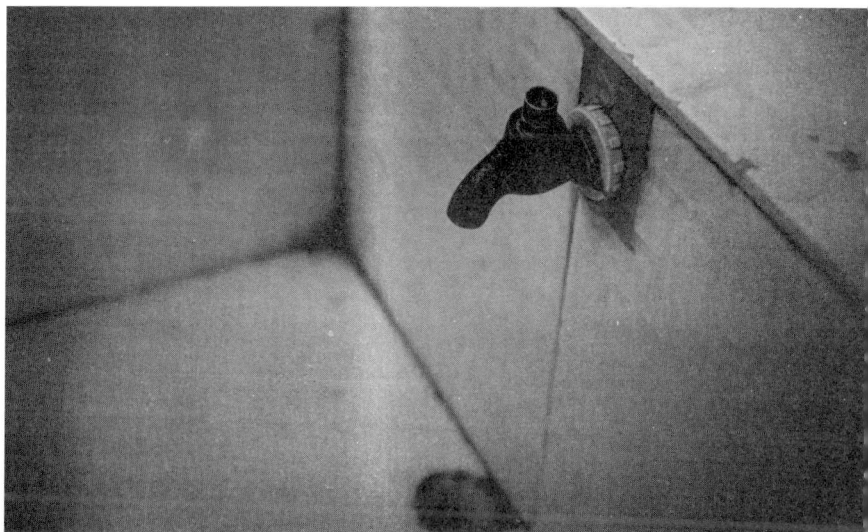

把爱作为人生的唯一支点的人，失掉了爱，就是倾覆了整个人生。爱没有了，生的希望就没有了。

牲等痛苦后，还是想留在某个人身边，而且愿意不计前嫌，原始的欲望才得以蜕变为真正的爱。

日本文豪太宰治早就说过了：爱是舍生的事，我不认为是甜蜜的。

爱情的本质即是如此：事事缺憾，却又事事原谅。

虚假的爱情只需享受，真正的爱情则得学会接受。也许让自己长期处于享受的阶段是轻松的，但极力避免进入真正爱情的人，却可能永远找不到愿意接受自己一切缺憾的另一半。

22 盲目的痴情，只能掩饰你的无能

让他继续爱你是你的责任，也是你的魅力施展问题，而你爱他不过是份容易的欲望。

——许常德

爱人是一种本能。吸引别人爱你，则是一种本领。

本能人人皆有。然而未必人人都有那本事，持续吸引自己所爱的人。

婚姻或恋爱都只是一种关系，而非保障。今天他成为你男友，或成为你的丈夫，不代表他有义务要永远爱你。你要一直

爱着他并不难，但如何让他持续爱你，就看你个人本事。

我见过太多女人，明明单身时魅力十足，谈了恋爱或结婚之后却光彩尽失，变得乏味无趣，生命的唯一目标仿佛只剩下深爱着另一半，完全忘记自己的存在。

这种行为与心态，美其名是专情，说穿了，不过是盲目的痴情。

痴情与专情不同，痴情不需要理性，仅仅是顺从自己的欲望；相反，专情则需要相当程度的理性，并且能够克制欲望。痴情是为了对方而丧失自我，然而专情却是为了忠于自我当初的决定，选择一心一意地对待另一半。

打个比方，专情的状态，就像一个人即使面对许多岔路，仍然清醒地知晓正确方向，真正走进对方心里，获得同等的对待；痴情的状态，却像迷路的人，看不见身旁的大道小径，单凭一己欲望鬼打墙似的打转，永远找不到通往对方内心的道路。

我的一位女性旧识，情路相当坎坷。每一段恋爱结束后，她都会发出同样的质疑：我这么爱他，为什么他不爱我？

老实说，我很想告诉她，因为你爱得太用力了。

有一次，她男友的家人生病住院了。即使男友早已请她不用太担心，但她依旧每天下班后就火速赶到医院，带便当给男友；不顾男友劝阻，径自帮病人沐浴更衣。她每天忙到深夜才回家，持续了一段时间，她终于累倒了。

她本以为男友会给予无微不至的照顾，就像她照顾男友家人那样，没想到，男友露出不耐疲惫的神色对她说：我家人还没出院，我已经够累了，你现在又给我找麻烦。

这番话宛如晴天霹雳。她一边哭一边搬出经典台词：我这么爱你，你怎么可以这样对我？

男人沉默了一阵子，开口说：我只要你照顾好自己，让我少操点心。你根本不需要做那些事，你做那些事，不是为了我，是为了你自己。你不过是希望我也可以这样对你，我不是不爱你，但你给我的压力很大。

谈一段感情，当然要全心投入，但她总是用力过猛，仿佛把所有心思都用来爱对方，用百分之百的感性看待这段关系。忘了停下脚步好好思考对方想要什么，或是，自己该怎么做，才值得对方回报同等的爱。

因为无法真正走进对方的心，所以只能用痴情来掩盖自己的无能为力。

如此不健康的关系，似乎也印证了漫画家朱德庸曾说的：痴情的女人得到泪珠，薄情的女人得到珍珠。

薄情，并不是无情，只是懂得用更多的理性去了解对方、了解自己应该做出哪些改变，才能确实抓住对方的心，吸引对方主动地深爱自己、主动对自己付出。这样的互动就像打网球，有来有往，而不是挥空拍，体力耗尽了却徒劳无功。

简单来说，痴情的潜台词是：我很爱你，所以你应该也要这样爱我。专情的潜台词则是：我知道你很爱我，所以我也愿意这样爱你。

我过去曾陪母亲到她的朋友家做客吃饭。这位太太虽然年过半百，身为忙碌的职业妇女，却还是每天将自己打理得容光焕发。而在聚餐的过程中，从她与先生的互动也可看出两人的好感情。

其他人羡慕她好命，有钱、有闲、保养得当，只见这位长辈微笑说道：这是我的分内工作，不是好命享受。

紧接着她解释道，她知道男人都是视觉动物，所以她不放任自己变成黄脸婆；而她先生喜欢有内涵的女人，于是她每天抽空看书、看电影。两人都已结婚三十年了，还能畅谈一整个晚上，完全不像一般结婚已久的夫妻。

真正有智慧的人，不仅懂得怎么去爱人，更懂得持续散发魅力，让人深爱自己，无须扮演痴情的苦旦，也能得到爱情里最宝贵的珍珠。

爱情需要学习是老生常谈。大多数人拼了命学习怎么爱对方，往往忽略了学习怎么令对方更爱自己。也许缘分能让两个人相识相爱，可是缘分终究只是倏忽即逝的契机。在相爱之后，如何让爱延续，是功课，也是责任。

与其抱怨为何付出一片真心后，还是得不到同等回报，倒不如好好想想，在这段感情中，自己有没有负起应尽的责任。

23 分手后还可以做朋友吗?

说旧男友会永远关心自己,只是蠢女人一厢情愿的想法。爱情像罐头食品,他答应给你的营养、能量,只在有效期限内成立;过了期,你仍然相信标签说明,后果自负。

——梁芷珊

面对爱情,女人总有几个愚蠢的错觉。其中一个就是认为前男友会永远关心自己,自己在他心中始终有一席之地。

这其实怪不了谁。在爱情里,如果不怀抱着错觉,自欺欺人一番,是活不下去的。毕竟爱情的真面目太丑陋,也太残酷了;

由于一些错觉、一些幻想，人就把自己弄得生不如死。

前阵子在社群网站上，我看到一位学妹频频发出消极负面的文章，说全天下的男人都很烂、满脑子只想上床。

后来我才知道，因为她工作受挫、跟亲人又为了某些事闹得不愉快，情绪低落的她找了分手已经将近一年的前男友诉苦。

学妹主动提议去以前他们常去看夜景的山头，没想到车才停妥，前男友就强吻了她，手也没闲着，想去解她的扣子。

即使最后前男友没有得逞，但学妹依旧伤透了心。

问她为什么非得找前男友不可？朋友都死光了吗？

她振振有词地辩驳，当初分手是因为男友劈腿；是男友说，很对不起她，希望她可以好好生活，虽然没办法继续当情人，但他会一直关心她、祝福她。

我说，他都可以背叛你，你还信这种屁话？

她竟答道：就是因为他劈腿，所以我想他不至于到最后都要骗人吧？

多可悲，两人交往时，得先许下难以实行的海誓山盟；分手想脱身时，又得说出实现不了的承诺。

当然，这不意味着前男友说会关心你只是个谎言。在说出口的当下，百分之九十九的人是真心的，只是那诺言就像罐头食品上的标签，保存期限不是由你决定，而且你永远也猜不透，在他心中，保存期限究竟是两年还是两分钟。

之所以会有错觉，不是因为太笨，而是高估了男女间情感的价值。

爱情、爱情，有爱就有情分。于是许多女人认为只要两人爱过，即使分手，也还有点情分在。

可是女人也忘了，爱情是场再现实不过的交易。一旦情侣关系消失，男人再无权力从女人身上索讨爱、肉体等利益时，他就不会再浪费时间去关心一个没有利用价值的人。

有利益，才有情分。今天你想找前男友诉苦谈心，花了他几小时、一顿饭钱，就得有心理准备，该付出些什么给他。总不会是两千块出场费吧？重温往昔恩爱，通常是男人的第一选择。

不过，女人也不全然这么无辜，好像男人全是再现实不过的动物，有时候更残忍的反而是女人。

港片《冲锋陷阵》中，男主角只要接到前女友的电话，就会奋不顾身地赶到她身旁，听她抱怨现任男友的不体贴，安慰她，甚至还得跟她现任男友同桌吃饭。

旁人都看得出来，女人不过是假借好友之名，实则享受男主角对她的余情未了。最后男主角终于清醒，不再受她摆布，她还反过来指责男人变了、说话不算话。这是标准吃干抹净还想讨价还价的嘴脸。

别以为能这样左右逢源代表很有手腕、代表自己真好的让前男友难以忘怀，有这种想法的女人通常更愚蠢，时不时得回头找旧情人哭诉，难保他不会暗自取笑你的狼狈，产生"看吧，没有我你果然好不了啊"的念头。

说穿了，哪怕旧情人的安慰再体贴，不只是对过去情分的感念，恐怕里头还包裹着一丝看笑话的不怀好意。

其实，人会想找旧情人诉苦、讨安慰是很正常的。毕竟曾经这么了解彼此，许多事情无须从头解释，有时一个眼神就了然于心。不过，如果一直抱持着旧情人最了解我的想法，很可能会阻碍自己接受另一次幸福的机会。

有一句话说，分手后当朋友是为了保持风度，不是保持联络。一对恋人分手，保持风度是必要的，至于该不该保持联络，本来就不是那么重要的事。当然，世界上也有许多人是分手之后，还能够当真心的朋友。

即使我们还能做朋友，也要将昨日之恋相忘于江湖，然后彼此将对方珍藏在心里。

　　想与旧情人成为单纯且真心的朋友，其实不难，前提是双方都已抛弃了过去的爱情罐头，重新共同腌制一个友情罐头。也许其中少了激情、性爱、诺言，但保存期限往往比爱情罐头来得更长久。

24 最伤人的话，都藏在他的眼神里

世界上最无法掩饰的，是你不爱一个人的时候的那种眼神。

——张小娴

我听说，许多人会与另一半做出一个约定：如果你爱上别人了，一定要告诉我，我会放手。

乍听之下很开明、潇洒。其实这句话不过是一剂预防针，自以为先接种了疫苗，万一失恋，可稍微减轻一点痛苦。

可惜的是，预防针通常无效。没有一种失恋的痛，会因为有心理准备而减缓。

其实，这句话背后还有一个更深层的意义。

当你们达成了约定，无形中也等于给自己的潜意识下了个指令：只要他没说爱上别人，就代表他还爱我。

如此一来，等于是给了自己逃避的借口。因为，要假装爱一个人很容易。不爱一个人的眼神，必定发自内心，怎么样也无法伪装。

既然这样，又何须等到另一半亲口说他不爱了，才能意识爱已消逝？

有首歌唱道：他不爱我，牵手的时候太冷清，拥抱的时候不够靠近；他不爱我，说话的时候不认真，沉默的时候又太用心。我知道他不爱我，他的眼神，说出了他的心。

歌名是血淋淋的四个字：他不爱我。

也许，你能从与他的肢体碰触中感到温度，却无法自他眼神中看见温暖。

除了不爱一个人时的眼神，世上最无法掩饰的，还有另外一样东西，就是爱上一个人时的眼神。

我有个朋友，某日在聚餐时突然说：我快疯了。

问她怎么了？她接着回答，快被男友搞疯了。

她说，交往三年多的男友对她一如往常，接送上下班、牵手拥抱、吃饭看电影，但她感觉得到，某些东西已经发生了化学变化，不一样了。

于是她愈来愈常闹别扭，想引起男友注意。幸好，男人还是会柔声安慰她，然后习惯性地摸摸她的头。

以往，男友这样摸她的头时，她会感受到被疼惜被珍爱的幸福；而今，她却从男友的动作里感觉到敷衍与漫不经心。

后来，她吵着要男友带她出席公司尾牙。席间，男人起身为大家倒饮料；轮到他给一位女同事倒饮料时，那一秒钟，我朋友整个人像挨了一记闷棍。

因为，即使仅有短短几秒钟，但男人看那位女同事的眼神，就像当初他看着我朋友那样。然而，在两人相处的生活过程中，男人已经很久不曾那样看着她了。

从那天起，她知道自己的第六感并没有错。但是，她认为不能把责任全部推给第六感，所以她努力地想从蛛丝马迹中找寻男友依然爱她的证明，好让感情继续维持。可是她变得患得患失，尤其在发现曾经唾手可得的爱现在竟然几乎消逝无踪时。

人都是利己的动物，只愿接受对方爱着自己的神情，却总是刻意闪避对方已不爱了的眼神。

在爱情里，最痛苦的不是失恋或者被劈腿，而是两人仍在一起，对方却将你当空气，甚至用不想看却又不得不看的眼神望着你，仿佛你是一袋他始终赶不上垃圾车丢弃的垃圾。

然而，换个角度想，他之所以流露出冰冷的眼神，一方面是再也掩盖不了，另一方面，那可能是他的求救讯号。

相爱的两人，才有快乐的感情。当他不爱了，痛苦的不只是你，其实他的挣扎也许不亚于你；说不定他曾经努力地想重新爱上你、努力地想再真心地吻你，但最后徒劳无功，他无能为力，当他累了，只能放任自己不再掩饰冰冷的眼神。

对方之所以如此残忍无情，是想让你知道，他实在无法再继续这段感情；他想分手，却不知道怎么说出口，况且，说了你也未必能接受。

事实上，在他流露出那样的眼神之前，必然已有一些蛛丝马迹，可能是偶尔口气的不耐烦，或是突如其来的沉默。那都是警讯，可是有太多人习惯视而不见，下意识地逃避，以为问题会凭空消失，导致对方逐渐明白这段感情已无力回天。

当所有的暗示都被忽视，他只能将暗示转为明示，祈求你能双眼正视。

更残酷的是，偏偏有更多人到了这个阶段，仍旧假装看不见那眼神。殊不知对方心中的绝望早已超乎想象，还一味认为自己是悲惨的受害者。

当男人这样看着你，有时候并不是他无情，而是两人情缘已尽，你却不肯放手。伤人的是他，但选择将这段感情拖磨到面目全非，最残忍的刽子手，往往是你自己。

爱一个人多深，要看他忍了你多久。但前提是，忍一定是彼此
的、互相的。如果只是单方的忍让，这样的爱情也难长久。

25 恋爱是次冒险，婚姻是项实验

婚姻前四年靠荷尔蒙，超过十年靠意志力在撑。

——于美人

恋爱就像是一场惊心动魄的冒险，处处充满挑战，时时都能激发荷尔蒙；婚姻像是一项实验，每次重复着相同的动作，却未必能有令人惊喜的新结果。

坦白说，多数人选择结婚，相爱只是最表层的理由，然而，暗藏的目的却只是为了消灭危机感。

没有婚姻保障的恋爱，处处是危机；必须斗智斗勇，好紧紧拴住对方的心。危机激起恋人的挑战欲，如果没能处理好，就得面对分手的绝境，反而无时无刻不激化两人之间的爱情。

相较起来，离婚比分手困难多了，可能还得面对财产分配、孩子监护权的问题，倒不如乖乖地扮演好丈夫、好太太的角色。

于是婚姻愈来愈像一场失败的实验，无论中途加入了什么变因，最终的结果总是既平淡又索然无味，即使如此，还是得日复一日地实验下去，才能维持一段成功的婚姻。

我曾在餐厅里听到两位中年女士的对话，A连珠炮似的抱怨道：我老公真的是很无趣的人，下了班就回家，连朋友找他出去打牌都懒，回了家就问我煮了什么，吃饱就躺在沙发上看电视，我都不想理他。

她的朋友B喝着咖啡说：你是在刺激我啊？难道要像我老公那样整天看不见人，帮他留饭菜也不吃，后来才知道是早就跟小三吃饱了。

经B这么一说，A才停止抱怨，缓和气氛，笑着说：你没跟这种人生活过不知道，真的有点无聊啦……

B看不惯A得了便宜还卖乖，B放下咖啡杯开始绝地大反攻：当初你不就是看上他顾家这一点才嫁他吗？结婚前两年还到处说你老公跟其他男人不一样，结了婚还是一下班就回家，不会在外面乱来。他没变啊，你为什么现在把他嫌得一无是处？

虽然结了婚的人还是能外遇，但婚姻总会解除某些危机感，让人不再时时担心另一半会不会突然劈腿、不告而别。少了这点危机感，婚姻就变得无聊；原本最能安抚危机感的举动，久了也显得多余。

看过一个四格漫画，内容说婚姻很能锻炼人的记忆力。因为婚姻会让人不停地怀念恋爱时的生活，为自己寻求一点精神上的慰藉。

还处于恋爱阶段的恋人们，对于婚姻、共同生活、未来人生总有许多向往与想象。而这些想象催生了荷尔蒙不断分泌，使得恋人产生错觉：一旦结婚便能实现那些梦想。新婚夫妻都认为梦想还有实现的可能，便还能维持某种程度的恩爱，但是时间一久，两人认清现实，婚姻不过是再普通不过的生活，没有什么是能够向往，也没有什么是能够成真的。于是荷尔蒙褪尽，接下来就只能凭着意志力死撑，容忍对方，也容忍这一桩扼杀掉爱情与希望的婚姻。

电影《蓝色情人节》（Blue Valentine）中的女主角，跟前男友分手之后遇见了男主角。虽然他学历不高，是个搬家工人，但他生性浪漫，还是轻易地掳获了女主角的心。两人爱得相当热烈。

在他们交往没多久时，女主角发现自己怀孕了。孩子有极大概率是前男友的。电影没有给出明确答案。男主角不在意，甚至娶她为妻，对女儿非常好。

即便婚姻生活平淡如水，男主角仍对太太非常好，但太太愈来愈不开心。她想鼓励有才华的先生不只安于当个搬家工人，应该有更好的成就。先生却觉得很受伤，他认为自己最大的梦想就是当个好丈夫、好爸爸，他不明白太太对这段婚姻到底还有什么不满足。

这段没有外遇、没有暴力或猜忌的婚姻，最后由太太提出了离婚。原本相爱的两人，终究分道扬镳。

毫不洒狗血的平淡剧情，揭露了婚姻最残酷的一面：婚姻走到最后，无关乎爱或不爱，重点竟在于能否撑下去。

恰如电影中的台词说的：分手什么的并不可怕，最可怕的是那种彼此都试图挽回，却又都无能为力的茫然感。

那股无能为力的茫然感，也许就是很多婚姻苦撑的原因。因为茫然，所以不知道该断然分开，还是坚定走下去。

　　之前流传着一句话：要么忍，要么残忍，其实也可运用在婚姻当中。

　　倘若不能残忍地宣告一段婚姻不治，唯一的解决之道就是继续忍，继续苦撑；以为明天醒来，这桩婚姻会出现不一样的惊喜结果。

　　然而，也因为这份不切实际的期待，让人忘记当初结婚的初衷，一如电影《控制》（Gone Girl）中的妻子所说：明明两人相爱，却无法幸福，才是真正的悲剧。

26 时间是爱情最残酷的杀手

爱情让人忘记时间，时间让人忘记爱情。

——张小娴

让爱情变得面目全非的，不是仇恨、不是欺骗、不是背叛，而是时间。

爱情与时间的关系，好比龟兔赛跑。爱情是一开始便铆足劲儿的兔子，时间则是一步步缓缓前进的乌龟。起初遥遥领先的兔子总把乌龟甩在看不见的后方，然而最后乌龟会超越兔子，在终点线前，早已不见兔子踪影。

这就是时间的威力，像乌龟一样，毫无存在感，却每每在故事的结尾超越所有事物情感。

幸亏《铁达尼号》(Titanic) 的杰克与萝丝死得早，也幸亏罗密欧与茱丽叶死得早，否则他们也会成为大千世界数不尽的怨偶之一。

他们的爱情为什么不朽？因为太过短暂，没机会输给岁月。

我认识一位条件极好的女性，却始终遇不到能好好交往的男性。据她说，她的初恋实在太完美，让她再无法受其他人吸引。优秀如她，也有着曾经沧海难为水的感慨。

后来我听说她终于遇见对的人，那男人并非特别出类拔萃，关键是在于女人的顿悟。

某天晚上，女人一时兴起，在网络上搜寻了初恋的本名，顺利找到他的脸书。她兴奋地浏览着，却发现初恋已经完全变成一个她不认识的人。

十多年的岁月让那男人变得庸俗、怨天尤人。短短五分钟，她十多年来的眷恋瞬间破灭，顿时醒悟。

提到这次经验，女人笑道：也许当初相处时间太短，分开得太匆促，才以为自己这辈子只能爱着初恋。

这就是爱情的定律——唯有倏忽即逝，才能成为永恒。

有趣的是，时间似乎对独身的人仁慈一些，对眷侣则显得无情。

对于那些刚失恋，痛苦得寻死觅活的人来说，时间是最好的特效药。时间可以模糊掉对一个人的眷恋与执着，可以褪色刻骨铭心的记忆。时间根本是一项恩赐，遗忘是一枚馈赠，带来一个新的机会，新的视野。

然而对于那些眷侣来说，时间可不是如此。他们一开始祈求长长久久，却也因为如愿，导致激情与浪漫就像后继无力的兔子从他们的视线中消失；取而代之的是味如嚼蜡的平淡岁月，一如那只日复一日缓步爬行的乌龟。

我身边有一对双胞胎姊妹。姊姊嫁给条件相当的男人，妹妹则嫁给有吸毒前科的毒虫。姊姊的婚姻美满平稳，先生对她极好；妹妹的婚姻却是争吵不断，一波未平一波又起。

八年之后，姊姊竟然有了外遇，还被先生捉奸在床。先生红着眼颤抖地问她为什么要这么做，姊姊只是淡淡地说：因为太无聊了。

多么讽刺，浅尝即止便称之为幸福的生活，长期无限量供应就变成了无聊。

反观妹妹，八年来不断想离婚，却在毒虫丈夫吸毒被捕时，没有趁此机会摆脱他，竟坚定地说要等他出狱。

能让爱情之火烧得炽热、烧得长久，最有效的柴薪不是幸福，而是磨难。

正如张爱玲所说：感情原来是这么脆弱。经得起风雨，经不起平凡。

再好吃的糖，吃多了也会腻口；感情再幸福，久了也不免索然无味。然而磨难太多太久，爱情也会变样，发馊成不甘心或执着。

这是一个说不清是悲剧还是喜剧的轮回。时间让人忘掉旧爱情，拥有了新爱情之后又忘记时间；最后时间又让爱情蒙上一层厚厚的沙尘，失去了当初最迷人的光泽。

说到底，天长地久根本不是终极的甜蜜承诺，而是爱情里最残酷的杀手。

所以，与其祈求天长地久，倒不如只图个开心。毕竟两个人都开心了，才有机会持续并肩走下去。凡事先想得太远，日子反而过得没滋没味，根本撑不到所谓永远的那一天。

话说回来，其实有时候，时间并不是让人忘了爱情，只是让人学会将爱情看成别的东西。

我的一位女性旧识谈起高中的恋情，当初也算轰轰烈烈了，两男争一女，争得两兄弟反目成仇。

女孩觉得男友真的为她牺牲了一切；为了守住她，被世界唾弃也在所不惜，于是她决定，此生一定要为他生一个漂亮聪明的孩子。

高中还没毕业，那男人就劈腿了。女孩哭得肝肠寸断也挽不回。劈腿对象也是哥们倾心的女孩。他根本只是爱抢哥们的女友，借此证明自己很行，才不是为了爱情牺牲奉献。

经过这些年，女孩早就成为女人。我问她对这段感情有什么想法。她耸耸肩，说：就是一个笑话。

从珍视无比的爱情，化成嗤之以鼻的笑话，其中的转变，是因为时间，也因为人心变了。

时间会改变一个人的心，让人懂得将爱情看成别的东西，而这也是时间最仁慈的地方。

27 从未真正爱过，何来刻骨铭心

在春天萌生的爱，必须经历夏秋冬不死，才能算是爱情。

——吴九箴

在高中时代，发生过一件令我印象深刻的小事。

跟平常没两样的下午，国文老师正在讲台上谈论某首情深谊重的诗词。突然角落起了阵骚动，班上某位女同学无故开始流泪，后来竟趴在桌上大哭起来。

经过安慰与关心后，女同学逐渐平静下来，抽抽噎噎地说，她昨天被甩了；就读其他学校的男友说，觉得两人不同校，这种远距离让他觉得很辛苦，干脆选择分手。

所谓的远距离，不过就是骑脚踏车只要十分钟的路程。

国文老师问她：你很爱他吗？

女同学笃定地答：很爱啊。

国文老师又问：那你觉得他很爱你吗？

女同学也肯定地回答：很爱，因为他做什么事都会先想到我。只是现在我们太辛苦了。

听到这番话，老师微笑说道：如果这么简单就放弃的话，可能你们都没有想象中的那么爱对方喔。

或许，有很多人会对这桩小事嗤之以鼻，认为不过是小孩子的恋爱游戏。实际上，大部分人的爱情，也跟他们相去不远。

天气有四季，爱情也有四季，差别只在于：爱情的四季不如气候般稳定递嬗。何时春去，何时秋来，没人料想得到。

当生命中出现一个令你怦然心动的人，春天随之降临，恋爱开始。一切都是生机蓬勃、新鲜有趣的，好的更好，坏的也变成好的，仿佛所有困境都能迎刃而解。可是，当春天走到尾声，热情渐退，许多人的恋爱便在此凋零，撑不到浮躁的夏天，更遑论萧瑟的秋天。

谁不想身处在四季如春的时空？可是，春天萌发的爱情，必须经历夏日骄阳曝晒、寂寥秋风撩拨与酷寒冬雨的拍打，才能长成庇护两人幸福的坚固大树。

电影《失恋33天》里，有对鹣鲽情深的老夫妇，丈夫对卧病在床的太太照顾得无微不至，甚至在太太病故时，独自站在病房外失声痛哭。他们的爱似乎不容置喙。

原以为他们是从年轻时代恩爱到老，事实上，数十年前太太在生产时意外发现丈夫的外遇对象碰巧在同一家医院动盲肠手术。她没想放弃这段婚姻，大气地让小三知难而退。夫妻俩也走到年老。

哪段爱情没有污点，没有挫败？躺在病床上的老奶奶说，东西坏了要修，而不是丢。

也许，这段感情不甚完美，有过第三者、有过猜疑、有过重拾信任的艰难路程，但是，如果不是历经这些难关，最后他们恐怕也不会获得真正的幸福。

真正的幸福，不是没有吃过任何苦头，而是再苦再累，两人还坚持携手走下去。

世上没有任何困境会因为爱情而自动消失，通常都是为了继续爱，不得不硬着头皮闯过去。

当然，爱情的四季也会轮回。一旦两人能够熬过夏秋冬，春天将再度降临。此时，起初孱弱的嫩芽，已然长成坚强且难以撼动的大树。这时的爱情，才称得上是爱情。

也就是说，或许这世上的爱情，有九成九都称不上是爱情。毕竟，有太多人尽情享受了爱情的快乐，却无法尽力克服现实的难关。

苍凉的是，无法预测爱情四季。有人的秋天必须历经另一半外遇三次的煎熬。有人在冬天里等得情薄缘尽，末了被失业等现实因素压垮。甚至，有人好不容易熬过了漫长四季，却眼睁睁看见伴侣迷失在另一个人的春天……

正如张爱玲所言：我以为爱情可以填满人生的遗憾，然而，制造更多遗憾的，却偏偏是爱情。

可是，没有遗憾、没有怨恨、没有考验的爱情，如同脆弱的新芽，一掐就随风而逝。

然而，换个角度想，或许唯有真正的爱情，才能让两人度过种种遗憾、种种失落。

说穿了，爱情没那么美好，根本是一件四面楚歌的苦差事，

爱情有很多种，爱情的使命各有不同。有一种只是经过，蓦
然心动，却再也没有下文。就像某天你写了一篇日记，满满
的全是心情。隔了很长时间再去看，你却想不起来究竟发生
了什么。

除了得面对爱情里接踵而至的残酷与丑陋，还得承受外界不知何时袭来的挫败与试炼。很多人在尝过恋爱初始的快乐之后，就以为真的拥有了幸福，拥有了爱情。

没有一部偶像剧敢展示男女主角在一起二十年的过程，但那些被避而不谈的千疮百孔，才是爱情真正的面貌。

假如没有这层认识，不想看见美好外皮下的真实血肉，何不只玩轻松的恋爱游戏，在春天里相爱，也在春天结束前分开，不用承受折磨，不用死去活来。毕竟，从未真正爱过，又何来刻骨铭心。

chapter 4

总有一天，
会有人陪你到天长地久

28 不用负责任的爱情，
会让你付出更大的代价

你要把你的未来，全部交给他。你这是爱，还是懒？

——蔡康永

某天在咖啡厅里，我听到隔壁桌两个女孩的对话。

女孩 A 皱着眉头说，不知道该填哪一间学校好，超烦恼。接着她问 B 的决定如何？ B 轻松又带点骄傲地笑回答：我男朋友叫我填 ×× 学校，离他比较近。

A 追问道，可是你之前不是说 ×× 学校离家里太远，打死都不想填吗？ B毫不思索地说：没差啦，反正我也不知道要填哪间好，就听我男朋友的啊。

A羡慕地说：好好喔，我男朋友只会叫我自己想清楚。

曾几何时，将自己的未来全部交给对方决定，变成了一种爱的表现。

也许很多人觉得，爱一个人，就要顺从他的心意。不违逆他，就能让他快乐，乍看是出自于爱与尊重，但说穿了，这根本不是爱，不过是自己懒得思考该怎么做，干脆丢给对方决定。而更深层的原因恐怕是，打从心底不愿意为自己做的选择负责，却又不敢承认，于是就打着爱的旗帜，实则将责任全数推到另一半身上。

危险的是，爱与懒通常密不可分。毕竟，对很多人而言，另一半不是依靠，而是依赖。

依靠是你心里有个最珍视的人，而你愿意为了两人共同的未来奋斗努力；依赖则是将对方视为可以带自己脱离苦海的浮木，没想到最后竟变成沉重的铅块，绑着人沉进更暗无天日的深渊。

人都是这样的，赖着赖着就懒了；一懒，这段感情就乏了。

　　我身边有一对夫妻，原本是双薪家庭，后来有了孩子，丈夫提议：既然太太的薪水并不高，不如就先辞职在家当全职主妇，等到小孩大了再重返职场。

　　当时，丈夫的态度很开明，认为：如果太太想继续工作也没关系，大不了每个月多支出一笔保姆费。虽然太太心里不太愿意辞职，但她私自揣测丈夫应该希望她在家带小孩，于是她还是辞去工作。

　　几年过后，小孩上了幼儿园，太太终于能重返职场，但这段日子的空窗，让她求职并不顺利。每当两夫妻提及此事时，太太总是抱怨：当初还不是听你的话辞职，现在才找不到工作！如果不是为了这个家，我需要买个菜都得跟你伸手吗？

　　说真的，就算当初她选择找保姆，自己继续工作，现在她恐怕也会对丈夫说：当初如果你坚持叫我辞职，小孩现在也不会这么难带。

　　像案例中的太太，当时是由于猜测丈夫希望她辞职才照做，最根本的原因就是：她不知道选择这条路之后会变成如何。既然这样，倒不如交给丈夫决定。这样一来，即使未来不如所愿，还是有个代罪羔羊可以顶罪。

　　好听一点的说法是，两人在一起，就等于是命运共同体。但是，如果由于懒得深思熟虑而交由对方决定，无疑是自私至极的表现，凭什么有福同享，有难就都是对方的错？

人的惰性很可怕，假借爱之名的惰性更卑劣。只因其中一方的懒，就必须增加另一方的负担。这样做，不仅是逃避自己的人生责任，也是不对这段感情负责。

更可怕的是，当你把未来全部交给另一个人时，意味着你的命运掌握在他手上，你完全不知道对方会将你推进火坑还是屎坑。

电影《妇仇者联盟》（The Other Woman）中，有个女人发现丈夫偷腥，她循线找到不知情的第三者。一见到干练自信且温柔的小三，身为原配的她当场崩溃。她竟然在情敌面前，坦承自己的自卑，结婚之后就不再工作、没有朋友，也不懂得时下流行的穿着方式，丈夫出轨，代表她的世界完全崩毁，令她不知所措。

可恶的是，她最后发现，平常她为丈夫签署的文件，实则都被丈夫拿去做违法勾当，大赚黑心钱。她却浑然不知，因为她从未细看过那些文件。而她的每一份签名，都成为丈夫能将罪名推到她身上的利器。

看起来，女人是出自于爱与信任，才会轻率地帮丈夫签署一堆来路不明的文件。事实上，不过是惰性作祟罢了。

为了这桩婚姻，她成为最听话的宠物，放弃谋生能力，将自己的命运全数交给对方。男人即使可恶透顶，但女人也不单纯是个受害者，更是个最无情的帮凶。

如果她愿意扛起对自己人生的责任，也许她不会当个只懂得等着丈夫回家的妻子，更不会漫不经心签下一堆自己都搞不清楚是什么的文件。

今天之所以走到这步田地，她最应该怪罪的不是丈夫，应该是自己。

与另一个人携手共度，不代表从此无须为自己负责。毕竟，不用负责任的爱情，通常会让人付出更大的代价。

29 忠诚是由背叛孕育的

忠诚是从丰富的爱情中生出来的资产。

——印度诗人 泰戈尔

很多人以为，忠诚是必定随着爱情而来的操守。但有更多人没有意识到：唯有坚实丰富的爱情，才能生出忠诚；飘摇脆弱的爱情，只会产出接二连三的背叛。

无论男女，谈起一段恋爱，都希望另一半能够忠贞不二，可是其中隐含着一项最大的差异：女人总认为有忠诚，就有爱情；对男人而言，有了爱情，他们才可能忠诚。

也正因为如此，女人往往在进入一段感情关系时，很快变得死心塌地，眼里只有另一半，并且也以同样的标准要求男人，希望他们能做到如白雪般无瑕的忠贞。

在此，许多女人又犯了一个谬误：忠诚，便能换来同等程度的忠诚。

事实上，这种带有目的性的忠诚，往往换来背叛或漠视。唯有爱，让两人打从心里感到幸福的爱，才能换来对方的忠诚。

有一次在车站等车时，我听到一对情侣低声地争论。女人突然提高音量喊道：跟你在一起，什么都没有。就算其他追我的男人条件再好，我也没有接受。你怎么可以先背叛我？还去找一个条件比我差这么多的女人！

这句话像是触动了开关，男人突然也激动了起来，说：我讲过几百次了，既然你一直觉得我不能给你什么，那你就去找条件更好的男人。我宁可你劈腿，也不想听到女朋友一天到晚嫌弃我！

短短的对话，揭露了爱情里最丑陋的一面：女人将忠诚视为能永远留住男人的筹码，但男人要的只是另一半的尊重与鼓励。女人却浑然不知，导致忠诚变成用来勒索对方的利刃。

先将道德问题放在一边，我想，男人劈腿的对象应该是个不会嫌弃他、懂得尊重他的女人吧。

　　也许，背叛，就是一段寻找的过程。寻找一段让自己打从心里变得忠诚的美好爱情，寻找一个即使被绑住也心甘情愿的另一半。

　　甚至可以说，人有时是在一次又一次的背叛中，体验到忠诚带来的幸福与美好。

　　就像我的一位男性朋友，几乎每一段恋爱都以劈腿作结。就连他的太太，当初也曾当过他的小三。没想到结婚之后，他竟摇身一变成对太太死心塌地的男人。

　　他说，过去交往的女友，知道他的前科之后，总是更加紧迫盯人，对他诸多限制，让他愈来愈不满，便故技重施向外发展，却又进入另一段悲惨的轮回。后来他遇到一个特别的女人，从不限制他，两人反而处得最轻松愉快，于是这女人成为他的太太。

　　他说，当这个人已经给你最棒的东西，你就不会想试试看其他人能不能给你更好的。

　　毕竟，规范往往使人更想犯罪。尤其对于男人而言，更是如此。当女人将忠诚定为爱情的最高规范，就只会反效果地令男人想逃离这段束缚重重的恋爱。

某位知名的心理治疗师在节目上说，她与许多对爱情、婚姻忠诚的男人深谈，发现这些男人并非不曾受到诱惑、并非不曾动心。他们之所以能够克制欲望的关键在于，因为对于太太或女友的爱，使得他们舍不得伤害另一半。

唯有由幸福之爱孕育出的忠诚，才能留住一个人的心。

或许不安于室是男人的天性，但另一方面，男人也渴望着安定的幸福。况且，很多时候，男人的蠢蠢欲动就是由不幸福的爱情激发出来的。

然而，很多女人总是将忠诚视为爱情是否还存在的唯一准则。只要男人不劈腿、不花心，就代表两人还有爱。其实，就因为已经不确定爱是否还存在，所以只能把忠诚当成判定标准。到最后，你自以为牢牢紧握的不是爱情，而是毫无意义的忠诚。

况且，有时忠诚与爱的关系不大，惰性恐怕还占了较大比例。

我曾与一位男性长辈聊天。他已结婚二十年，即使异性缘很好，他却都坐怀不乱。

旁人称赞他的定力，他却笑着说，没这么伟大，只是他晓得全天下女人都差不多一个样。他已经花了几十年搞定一个女人，懒得再花时间搞定另一个。

听起来是玩笑，可是隐含着男人真实的心声。

爱能够滋生出忠诚，但忠诚未必能与爱画上等号。

人无法要求另一半完全忠诚，却能任由爱使一个人变得忠诚。

电影《谢谢分享，我的爱》（Thanks for Sharing）中，两个年纪有段差距的女人展开对话。她们的共通点就是，都拥有一个患有性成瘾症，并且需要持续追踪治疗的另一半。

年轻女人问年长女人，这么多年来，会不会担心另一半突然又走进那个黑洞？

思索了片刻，年长女人说，她选择专心在自己身上，学习以更丰沛的爱疗愈另一半，而非紧盯着丈夫什么时候犯错。

爱是一种本能，出轨也是一种天性，忠诚却是高度文明，唯有当你不再以出自于本能的控制、占有对待另一半时，他才得以学会忠诚。

30 没有个性不合，只有性不合

所有两情相悦的感觉，无论表现得多么超尘绝俗，都根源于性冲动。

——德国哲学家 叔本华

有一次，我与某位女性朋友 A 聊起共同朋友 B。B 是个气质相当出众的美丽女性，且相当有内涵，称得上是内外兼具。

我忍不住喟叹道：B 真是一个很适合神交的女人啊。

A 想都没想，马上答道：不过可以跟她神交的男人，百分之百都是为了性交。

短短一句话，道出男女交往最原始的欲望。而这单纯的欲望往往会促使人去做出许多尝试，例如嘘寒问暖、体贴举动、心灵交流等，到头来，就是为了满足与生俱来的欲望。

正如有首歌《低等动物》唱的：两个人互相的欣赏，爱情不过是这样，给欲望找个对象，本质上都是一样，不要想得那么抽象，爱情不过是这样，做起来我们还不是一样。

有些女人提到男人，便会一概称之为用下半身思考的动物。此形容词不乏轻蔑之意，理由就在于她们认为用大脑理性思考比较高尚。然而，女人并非不用下半身思考，只是女人天生比男人多了些心眼，懂得将其美化成直觉、缘分罢了。

毕竟，在这社会上，勇于承认自己也会用下半身思考的女人还是不多。

用下半身思考的男人，并不幼稚，也不低俗，只是诚实单纯。偏偏总有女人想利用这份单纯来满足自己，却又在得到满足之后，反过来嫌弃男人满脑子都是性。

我曾在网络论坛看到一名女性的抱怨，她说平常与男友的相处情况相当良好，交往两年多，男友对她呵护备至，贴心至极。她抱着男人到手就不会珍惜的想法，即使自己也有正常的性欲，但她始终不愿意与男友发生亲密关系。而这也是他们之间最大的问题。

虽然一直以来男友非常尊重她，从不强迫，可是最近一次他们又为了这件事吵架时，男友沮丧地告诉她，如果再这样下去，他真的很怕自己有一天会把持不住偷吃。

于是这名女性上网哭诉，质疑男女之间相爱相处难道都是为了性？她也怀疑男友之所以对她这么好，最终目的无非就是她的身体罢了。对此，她感到相当心寒。

说真的，这实在是得了便宜还卖乖的心态。

性欲是本能，也是种强劲的驱动力，驱使人去深入了解另一个人、学习相爱相处之道、练习放弃某部分自我。坦白地讲，如果不是为了满足爱欲，无论男女，大部分的人是不可能为了一个素昧平生的人，做出这么大的改变。

假如你选择欣然接受男人对你的种种付出，就不应该回头嫌弃他这一切都是为了上床，毕竟，你所享受到的一切付出，大部分根源都来自于男人对你的欲望。

曾有位知名女主持人谈及两性、夫妻关系时说道：没有个性不合，只有性不合。

老话说夫妻床头吵、床尾和，关键就在那张床。床上契合，本能满足了，一切好谈，凡事都能试着找出平衡点；如果连最原始的欲望都得不到满足，谁有心思去顾及大脑的事？

就好像吃饭也是人类最基本的需要，所以你去工作赚钱。得先填饱肚子，喂养身体基础机能后，才有心思余力规划剩下的薪水，该买房还是存作结婚基金。

　　人的爱欲大抵上也是这样。没有对错问题，是次序问题。

　　不过，心灵需要与本能欲望之间的关系，并非单向，而是一个循环。

　　最初的性冲动促使两人心灵交流，在过程中更熟悉了解对方，并且更爱彼此，会让性变得不只是原始的欲望，反而提升成更紧密、全面的身心结合。两人之间有了这种良好的循环，关系才会愈来愈牢固。

　　因为，男人可以对许多女人有性冲动，但能给予他最极致亲密感的，只有一个女人。

　　话说回来，性冲动对某些人而言，其实是一种筛选标准。

　　不只听过一个女性朋友说，想判断能否跟一个男人交往，第一步就是先考虑能否接受与他发生亲密关系。

　　一位号称在相亲界身经百战的朋友更绝，她谈及某次相亲经验，说那男人条件极好，又对她颇为欣赏，但终究破局。我问她为什么不接受？她的答案是：坐下来看到他第一眼，光想象要跟他上床就头皮发麻，那还有什么发展空间？

　　无论是作为相爱的驱力，或是最初的筛选标准，性冲动其实就是在剥除了一切世俗条件之后，你是否愿意与另一个人继续发展的指标。

　　这个指标，会引领你去爱一个人。当然，接下来如何让两人成为彼此生命中对的人，就有赖于上下半身共同努力了。

31 女人如书，男人买了不代表想看

每个女人都是一本书，但很多时候男人只想逛书店而不想买书。

——朱德庸

男人、女人的消费习惯大相径庭，而这一点似乎也可反映出双方对于爱情的态度。

每个男人都是一本书。女人冲动消费的习惯，总让她们凭直觉买下一本书，花了大把青春发现是本烂书之后，再冲动地买下另一本。男人就不一样了，往往东张西望，恨不得把所有书翻遍，也不愿意耗费心力钻研一本书。而且，比起看书买书，男人更爱的其实是逛书店。

倘若说每个女人都是一本书，爱情就是书店，那许多男人喜欢的是书店氛围。看什么书似乎也不那么重要，而他之所以拿起一本书，不代表那书有那么独一无二，通常不过是被书名、封面吸引。更重要的关键因素或许不过是，那本书摆在书店气氛最好、灯光最美的地方。

只要离开那间书店，就像魔法消失似的，对男人而言，那本书就不再具有吸引力。

简而言之，男人与一个女人恋爱，很多时候只是爱上某个场域、某个时空的她，而非如女人所想——自己成为男人生命中无可取代的唯一。

我认识一位高阶主管，离婚过两次，目前正处于第三段婚姻。而他历任三位太太的共通点就是，婚前都是他的秘书。

说也奇怪，自从结了第三次婚，他就不再聘请女性当秘书。

提到这个转变，他苦笑说：还不都因为老婆完全看透我，才出了这个招。

他说，三位太太都是在担任他秘书期间，受到他热烈追求。因为他实在难以抗拒秘书专业干练，凡事细心安排妥当的形象。

但是，他火速娶回家的下场，等于是亲手毁灭自己的爱情幻想。

坦白地说，他的前两任太太都是好女人，但他就是无法接受女人从一个干练秘书变成会皱着眉跟他讨论房贷何时还得完的家庭主妇，最后只能走上离婚一途。

而他现任太太婚后发现到了这一点，于是只能消极防范，不准他聘请女性当秘书，避免憾事重演。

这种感觉，就像一本潮流杂志放在明亮的书店里，会让人感觉时尚又专业。一旦放在早餐店桌上供来客翻阅时，不过就是本打发时间的落伍读物罢了。

所以，对许多男人来说，最难以抗拒的是某个特定时空的氛围。只要气氛对了，身边是哪个女人，其实并不那么重要。

世界上有这么多男人选择忠诚恋爱，选择婚姻，并非他们基因里与生俱来拥有安定下来的方程式，他们之所以能安定下来的关键，往往是社会眼光。

既然都踏进书店了，不看书、不买书，难道来吃麻辣锅？对这种不成文潜规则，男人心里也明白，都逛这么久了，总得做些什么，免得被人议论说摆明了来白看书。

总要等到没精神，也没时间在书店闲晃了，男人才会赶紧抓本书结账。只是，也别太天真地以为这是男人在博览群书后，万中选一的抉择。毕竟，男人购物首重实用的天性又会在此显

一个人对爱情的付出越彻底，对爱情的前景越绝望，受到的伤害越深，他（她）逃离这段爱情的决心越大、动作越迅速。

露无遗。

几年前，我有一位亲戚准备结婚。其实许多人在认识他的未婚妻后，心里都有类似的疑问。

迎娶当天的空档，坐在一旁休息的新郎官，突然对我说：我知道你们一定想问我为什么要娶她，长得不漂亮，又没见过世面。我就是看她能节俭持家，伦理观念重。以后我妈老了，这个老婆会愿意帮忙照顾。

说穿了，跟谁结婚，并不是富有特别意义的选择，不过就是男人在理性思考下，做出最实用且有利的决定罢了。

也就是说，一本汽车杂志排版再烂、内容再空洞，只要其中有一章是男人喜爱的车子的专题报道，男人就极有可能买下它，尤其在已经没有太多心力去翻其他书的时候。

即使付了钱、结了账，男人也未必愿意马上离开书店。谁说买了书就不能在店里晃悠两圈再回家？

只不过，就算男人买下了某本书，也别奢望他回家后一定会好好品味有多精彩。爱尔兰作家王尔德（Oscar Wilde）早就说过了：女人是用来被爱，不是被了解的。

在更多时候，男人宁可开心地拥有一本书，也不想痛苦地钻研它。更何况，在彻底读透一本书之后，有很大的概率，男人会衷心希望早日贱价出售。

32 秘密是让爱情长久的养料

说真心话，不要说实话，爱才能长久。

——吴九箴

电影《控制》（Gone Girl）的第一幕，男主角抚摸着妻子柔软的金发。此时响起男声独白：打开她漂亮的头颅，里面会是什么？你在想什么？你的感觉是如何？

这些问题，每个人都想问另一半，却未必问得出口。甚至问了，也不想听到真实的答案。毕竟，人大多心里有数，一旦问了，就像即将开启潘多拉的盒子，不知道会有什么程度的毁灭与浩劫席卷而来。

前阵子，有位知名男性作家明明已有稳定交往的女朋友，却被拍到与另一名女记者进出汽车旅馆。他随即开记者会道歉，并且言明虽然很喜欢女记者，但他的未来想与现任女友共度。

此话犯了众怒，它之所以被多方挞伐，原因不在于太龌龊，而是太真实，也残酷到大多数人不愿意接受。

知名作家的发言，赤裸裸表现出他不安于室、想左拥右抱的欲望。比起劈腿偷吃，这些过于坦白的实话，或许更伤人。

反观数年前一位国际影星，在面临类似情况时，讲了一句经典名言：我犯了全天下男人都会犯的错。

没错，他真心承认错误，也勇于道歉，但他没有说太多不该说的实话。当时某些人还相当欣赏他的 guts，认为不就是男人一时昏了头嘛，懂得回头就好。

偷吃劈腿绝对不是件值得鼓励的事。从这两位男人的发言，可以轻易地辨别真心话与实话的差异：一个留下让另一半为他找借口的余地；一个则是用一句话就足以把另一半的心捅成蜂窝。

诚恳沟通，虽能让两人关系更紧密；但想长久，就不能说太多实话。

不说实话，不代表得说谎，不代表得捏造虚假的事实。不说实话的重点在于，不正面说，或是不全盘托出。

我有个男性朋友，轰轰烈烈谈了几段感情，心态也变了，想找个能让自己少奋斗三十年的另一半，还真的被他遇到个年薪破百万、有车有房的女朋友，重点是还相当死心塌地，对男友也十分大方。

那女人常常问男人：你爱我吗？

男人总是回答她：当然爱啊，很爱很爱。

其实，男人并非不爱她，只是他没说出口的是：我很爱你，但我更爱你的条件。

他说爱她，是真心话；更爱她的条件，则是没说出口的实话。

可是，没有人能指责他。毕竟他没说谎、没欺骗，不过就是懂得如何说话才不伤人。

情侣、夫妻间需要坦白，但坦白往往等于摊牌。拿上述的案例来说，倘若男人一五一十地坦承又怎样？换来的不就是难以修补的裂痕，即使往后继续在一起，谁又知道女人心中的疙瘩有多痛？各自不说破，反而相安无事，还能平安平淡一起过日子。

唯有一段关系已经走到摧枯拉朽的阶段，需要致命一击以作痛快了结，人才会逼另一半讲出最不堪入耳的实话。毕竟，当对方已经全盘托出的时候，通常代表他已经完全不在乎这段感情。人就是这样，非得见了黄河，心才能死，还不一定死得透。

话说尽，意味着缘分也尽了。既然还没到缘尽之时，就要懂得把话放心里。

我的一位女性长辈，跟另一半在一起十多年了，可这个男人风流成性，就连去百货公司买手表都能跟柜姐搭上线，暧昧地你来我往。

诸如此类的事情发生很多次，每一次男人都拼命道歉，对天地发誓若再犯就不得好死。旁人看来可笑的誓言，女人却认为：当初他前妻抓到他偷吃时，他也没发这种毒誓，这么怕死的人肯为我发毒誓，一定还有几分真心吧。

可是，男人依旧死性不改，女人终于心死，十多年来，第一次提了分手。

两个月后，是女人的生日，男人在高级餐厅摆了一桌，请来许多共同朋友，为女人庆生。在宴席上，酒过三巡的男人泣不成声，直说对不起女人，说自己不能没有她。

当晚，女人又回头了，理由是：不都说酒后吐真言吗？这次他是真的学乖了吧。

谁能说他们的爱不是爱呢？这份爱，让女人痛不欲生。可是男人每回的真心话，都延续了爱情的期限。

即使那些话，恐怕唯有在脱口而出的瞬间是真心的。但那又如何？一句话，只要有人相信，它就是真心诚意的。

想摧毁一段爱情不难，说出实话，就等于是开卡车辗过它之后还不忘倒车再辗一次，必死无疑。而那些发自肺腑、却不全盘托出的真心话，反而能让了无生机的爱情插管治疗，虽生不如死，但至少活着。

33 再好的房子也得烧了，
才领得到火灾保险金

只有长久的爱和信任是永远的，但是我们得不到，所以只能以利益作为标准。

——安妮宝贝

最近有一个联谊节目，男主角在面对数位异性对象时，自称来自淳朴的乡下，家里有间小杂货店。他来上个节目，就想找个好姑娘与他一起打拼、过日子。

主持人问一整排女性，是否愿意给予继续发展的机会？所有的女性全熄灭了桌上的灯，个个意兴阑珊。

紧接着，那位男主角补充道，除了顾店，他平常就是帮着家里五六十栋房子收租。听完这番话，主持人又问了一次在场女性交往的意愿。这回所有女性都点亮桌上的灯，每个人都变得跃跃欲试。

当然，有不少人批评女性拜金与势利。我反倒觉得，那些女性会做出此等反应相当正常。

仔细想想，当你面对一个连名字都还记不得的男人，也不清楚他的个性、脾气，当然只能先以利益为标准。至少，吵架归吵架，还不至于饿饭吧？至少，不用自己拿钱倒贴他，就算最后没结果，也还不至于人财两失吧？

至于那些爱啊、信任啊、情分啊，总会在分手时灰飞烟灭，只有现实的利益能留下来。

就像我有一个朋友，有段时间出现了三位追求者，都对她极好。其实她心里是比较喜欢 A 的，但她仍选择了 C。

我问她为什么？她耸耸肩说：C 最有钱，也够大方。

我说，你不是喜欢 A 吗？擦身而过不遗憾哪？

她答道：喜欢也只是一时的，两人走在一起最后难免分手，既然这样，跟 C 交往的话，分手后留下几个名牌包不是问题啊，况且他都说生日时要送我部车了。

短短几句话，残酷地点出爱情的脆弱与短暂。谁不想要永恒的爱情？偏偏世界上没几个人能拥有，那干脆把握实际的利益，看得到、用得着、握得住，心里总是踏实多了。

正如电影《蓝色茉莉》（Blue Jasmine）中，原本跟着富豪丈夫享尽荣华富贵，后来却变得落魄不堪、连杯好酒都喝不起的女主角，说过一句触目惊心的对白：我到底要跟谁上床才能继续喝到伏特加？

可以付出肉体、付出青春，只要对方供得起源源不绝的伏特加，只要对方能给她想要的物质生活。

现实的是，利益不仅成为择偶的标准，往往也会成为伴侣不分离的最大因素。

两个人在一起久了，随着年纪愈大，经济战略的考量，总是远超过爱情。尤其是当两人之间的关系产生裂痕、开始动摇之时，许多女人之所以不愿意放手，多半是不甘心多年付出的青春付之一炬，或是担心自己在市场上已经没了身价，找不到更好的对象。

我曾看过一位律师在网络上分享的故事，一位男人有了小三，想谈离婚，但太太坚持不肯。经过了解之后，发现两夫妻的收入都相当优渥，太太甚至还略高一筹，离了婚，自己能逍遥自在，没必要捆绑在这桩婚姻里。但太太表示，她从年轻时就跟着丈夫吃苦，拼了二十几年，现在日子好过了，凭什么让另一个女人坐享其成？所以即使不缺钱，她也要向丈夫索讨更多财产，以免对不起自己鞠躬尽瘁的那数十年青春。

对女人而言，青春便是沉没成本。一旦付出就无法回收，即使另一半再烂、伤她再深，女人都很难认赔杀出，于是只能继续凹单投资，想拿回点什么摊平成本，然而，女人往往错估爱情的黑洞，原以为五年能获利，到头来却赔了一生。

诸如此类的例子，女人听过太多了，但跟一个人在一起，势必得付出青春。既然这样，只能采取避险手段，能拿多少是多少，就是怕最后血本无归。

然而，正如上述案例中那位太太，她为了平衡自己的沉没成本，在歹戏拖棚的婚姻中打转，却也在无形中耗损了更多机会成本，包括她的快乐、自由，以及未来的种种可能。

不能痛下决心认赔杀出，就会耗损更多机会成本，这是爱情世界里的铁律之一。逝去的青春已是过去，唯有保持多一点理性，才能降低耗损未来幸福的机会。

电影《风云男人帮》（Gangster Squad）有句对白说：再好的房子也得烧了，才能领到火灾保险金。

坦白地讲，爱情里的利益从来就不能包赢，就像你不可能保有一栋房子，却还领得到它的火灾保险金。你该做、能做的，只有选择。

假如那栋房子已经虫蛀严重、壁癌斑斑，倒不如就一把火烧了它，就算保险金的数目比不上你曾为那房子付出的心血，但至少，你还能拿那些钱买点让自己快乐的东西。

34 内分泌才是
女人步入婚姻的最大推手

真正能迫使一个女人成为别人老婆的不是父母，而是年龄。

——朱德庸

最近，观察到一个特殊的现象：有位才二十五岁的女性朋友，宣布要嫁给经济能力还未稳定的男友。旁人的反应大多是劝她多想想，别贸然结婚。

类似的情况，发生在另一位三十五岁的朋友身上，旁人的反应却是：真的要嫁啊？唉，毕竟都三十五岁了。

好像，不再青春稚嫩的女人，本就该以嫁出去为首要目标。

至于个性是否契合、价值观等更重要的问题，都被摆在后头。

坦白地讲，现今社会着实相当矛盾，一边高喊着女人要自主，要懂得为自己而活，别当婚姻的附属品；另一方面却又以败犬、剩女等不乏贬义的名词称呼超过三十五岁的单身女子。

也就是这种矛盾的观念，给女人下了一道催眠，到了某个岁数，便会产生该嫁了的念头，单身的，得开始找以结婚为前提进行交往的对象；身旁有伴的，就会开始想时间差不多了吧。

我身边就有一对交往五年、即将结婚的朋友，聊起终于下定决心的契机是什么，女方说：都跟他耗这么久，我也不年轻了，他不娶行吗？

对女人而言，年龄不仅是个关卡，更是个警示灯，提醒她：再不结婚，过去几年付出的青春就等于付诸流水。

似乎只能借由结婚，才能证明自己逝去的岁月没白活。

而且，面对爱情长跑多年却还没结婚的女性，旁人总会带着某种同情的眼光，仿佛她是个不值得男人定下来的对象，所以才会拖拉这么多年。女人心里也会开始紧张：难道他不想跟我认真？只是在骑驴找马？

谁都不希望自己的爱情被别人看作是逢场作戏，可是谁有办法把真心掏出来公诸于世？于是最后只能借由一场热热闹闹的婚礼，宣告世人：我们真心相爱，并且愿意对这段感情负责。

甚至，比起结婚，有的女人更渴望孩子，生孩子更需要考量到年龄。在这个社会，不是每个人都能接受未婚生子，所以，为了完成当母亲的渴望，势必得先结婚，才能名正言顺地生小孩。

不过，年龄只是改变女人的表层原因，核心因素恐怕还是一种称为催产素的内分泌荷尔蒙。

当女人恋爱时，体内的催产素就会增加，促使她对另一半更加信赖、愿意付出。所以，相较起男人，女人通常会陷得比较深，主因是女人体内本就有较多的催产素。

这种先天上的生理构造，导致女人一旦恋爱，就很难保持原本的理性与看法。也就是说，根本没有所谓的真命天子，也不是浪漫的命中注定，不过就是荷尔蒙作祟。内分泌无形中改变了女人对爱情的尺度，也改变了对男人的尺度。

希腊哲人说：人类是万物的尺度。那么，内分泌就是女人与生俱来的尺度，在某些时候，左右了女人的命运。

而女人之所以到了某个年纪就会急着想结婚，除了社会眼光与价值观之外，内分泌荷尔蒙也是其中一个原因。

我身边有好些女性朋友，明明职场上表现得很好、人际关系不错，也很会经营自己，但似乎难逃三十二岁魔咒。

我就见过一个优秀的朋友，过了三十二岁那年，就常常一边喝酒一边抱怨压力很大、很焦躁，真想找个人嫁算了。

即使她家境不错，不需烦恼经济问题，父母也很健康，还相当宠她，这种生活已经够让人羡慕了，可她就是有股说不出的焦虑。

其实，她并不是抱着想找长期饭票的心态，恐怕就是内分泌作祟罢了。

虽然催产素会因为感受到爱意而升高，但另一方面，随着年纪的增长，催产素会渐渐下降，就会导致女人感到莫名的压力。

倘若这时又是单身，少了爱情刺激，在这种紧绷又难以排解的心理状态之下，女人就容易产生想找个依靠的念头，加上年纪也不再青春无敌，当然便会将结婚当作进入一段感情关系的首要考量，而不能像年轻时随心所欲地谈场开心就好的恋爱。

有很多人说，必须要经历结婚生子，人生才称得上圆满。其实，人生并不是集点券，并非集的点数愈齐全，就会过得愈幸福快乐。催产素的影响，虽然很可能导致女人一时心急嫁错人，但别忘了，研究证实，催产素能有效减缓心理压力。

与其被内分泌逼着急忙找人嫁，不如先把年纪、岁数抛置脑后，好好地谈场恋爱，真实地感觉幸福。催产素提高，莫名的压力自然解除，到时候，再来谈结婚似乎也不迟。

婚姻是一场漫长的马拉松，开始用力太猛、劲儿过大，一定坚持不到最后。要想走完全程，首先得放松。

35 婚姻是男人的坟墓，女人的产房

女人期待结婚之后他会改变，但他不会；男人期待结婚之后她不会改变，但她会。

——佚名

婚姻美其名是结合，实际上是束缚。男人女人都知道这一点，然而，他们看待这份束缚的角度不同，呈现出男女对于婚姻的价值观的相异之处。

作家王尔德（Oscar Wilde）说：男人因厌倦，女人因好奇而结婚，最后他们都会失望。

　　两人决定走入婚姻，不可否认彼此有爱，但不可否认的真相是，双方根本各怀鬼胎。女人想用婚姻束缚男人，男人打的如意算盘却是：借由婚姻转移女人的注意力，好让自己能多点自由。

　　悲哀的是，下场通常就是婚姻根本束缚不了男人，而婚姻也只会让男人更不自由。

　　近日我遇到一位结婚不到一年的男性朋友。我随口问他新婚生活如何，他答道：有结婚跟没结婚差不多啊。

　　我继续追问：结了婚还常常出门打撞球、跟朋友鬼混？太太不会管？

　　他说：老婆会管啊，但问题是都已经结婚变成她老公了，是要担心什么？

　　相同的问题，若换成新婚女性来回答，一定截然不同。

　　在女人的想法里，结婚象征着责任、羁绊。不过，男人可不这么想，诚如我朋友的回答，大多数的男人觉得结婚是给予另一半的保证与承诺，且多半是厌倦了女友的监控、查勤，却又没有到需要分手的地步，便会采取结婚的手段，想让女人安心，希望能为自己争取到更多的自由。

　　当然，好听一点的说法就是，男人之所以结婚也是为了无后顾之忧的冲刺事业、在外打拼。

　　然而，这说法背后没被讲出的真心话，势必还是希望能够多点自己的空间，否则哪里来的心思闯事业、拼加薪？

　　所以，结婚对男人而言，意义其实不大。因此，男人并不觉得自己需要做出什么改变。最大的改变可能就是身份证上的配偶栏不再空白罢了。

　　也正因为如此，婚姻就像一座坟墓。许多男人就此停滞，即使加薪升迁了，可是心态上仍旧无法凭空生出更多责任感、担当等。

　　可是，婚姻之于女人的意义却大有不同。未婚的女人总期待男人婚后会变得安定、富有责任感，两人共同撑持一个家。在结婚的那刻，女人就已经想到几十年后的未来。

　　于是婚姻对女人而言，就像产房。结了婚的女人仿佛有了新生命，不仅成为妻子，同时也为成为母亲而做准备。于是，那些责任感往往就落到女人肩膀上。

　　电影《蓝色情人节》（Blue Valentine）里的男女主角，婚后数年，男人一如往昔浪漫且深爱太太，另一方面，也一如往昔地靠着打零工维生。而太太却从调皮的女孩变成每日为现实生活所苦的黯淡妇人，不在乎丈夫对她的深情，只希望他能努力多赚点钱，对未来更有规划。

　　男人的不变，让女人毫无安全感、看不到未来；而女人的改变，令男人因发现自己的无能而倍感威胁，也百思不得其解：为什么我们不能像婚前那样快乐地相爱就好？

剧情最后，女人终于选择放弃这段婚姻，放弃她曾深爱，却无法为了婚姻做出改变的男人。

没有一方出轨或外遇，仅仅是双方各自心中的不安全感与威胁感，毁掉这段婚姻。

外遇，还有机会修补裂痕，可一旦女人的失望扩散成绝望、男人的恐惧成为逃避，双方关系等于进入安宁病房，无力回天。

残酷的是，最常摧毁一桩婚姻的，不是出轨劈腿等洒狗血的剧情，而是这种两人逐渐窒息却都无能为力的无奈与疲惫。

女人的变与男人的不变，虽有一部分是天性使然，但其中绝大部分是相互影响的。

因为希望男人有所改变，女人便以身作则，期望以自己的改变引导男人改变。可是男人看在眼里，只感到压力倍增，干脆选择以不变应万变。在缺乏沟通与同理心的恶性循环之下，两人愈来愈不懂对方作为的意义是什么，甚至觉得另一半是故意与自己作对。

也许，许多婚后争执、不合的原因，是来自于婚前的错误期待。然而，期待的根源大多来自不满足。既然在交往时已经感觉到不满，就别奢望以婚姻来填补。毕竟，婚姻往往只会让这份不满扩散。

　　说穿了，婚姻本就是不符合人性的制度。倘若男男女女都依照自己的本性去经营婚姻，最后的导向通常就是不欢而散。最现实的状况是，想拥有美好的婚姻，第一步就是得先学会如何违反自己的天性。

36 宽容和包容的爱情，才会长久

婚姻怎么选都是错的，长久的婚姻是将错就错。

——电影《非诚勿扰》

小说《围城》有句经典名言：婚姻是一座围城，城外的人想进去，城里的人想出来。

哪怕是听遍了各种恐吓，许多未婚的人仍旧对婚姻抱有希望，只有已婚的人才知道，双方立下浪漫誓言的婚礼，就是婚姻中最虚假的一场戏，戏演完了，观众散去了，剩下的就是过日子罢了。

日本 EmaMay 公司董事长大冢寿，在与一万多名企业人士会谈后，发现最让他们后悔莫及的，就是结婚。

漫画家朱德庸也说过：所谓懊悔，就是嫁人或杀人之后会产生的情绪。

不过后悔归后悔，能毅然决然跳出懊悔循环的人少，选择将错就错的人多。

曾经听人说，婚姻就像服兵役，差别在于永远没有退伍的一天（没意外的话）。

若还没下定决心验退，也只能选择顺从，偶尔浑水摸鱼放松一下，好让自己能继续撑下去。

过去与某位女性朋友聊天，她已结婚超过十年，每次谈起丈夫，总有数不尽的抱怨，怨他薪水不够多、怨他太听爸妈的话、怨他不肯分摊家事……大概能抱怨的都抱怨完了。

有次我忍不住，直接问，既然这样，为什么不离婚？

她惊讶地说，从没想过要离婚。

追问她为什么，她想了想，只说：他好像没犯什么大错嘛，也没偷吃赌博什么的，骂一骂就算了。就像很多人都会抱怨自己的父母吧，但没几个人会真心想断绝亲子关系啊。

听完她的回答，我想，倘若她的婚姻能够维持现状，想必能相当长久吧。

事实上，婚姻本就没有对错，更没有成功或失败，唯有撑不撑得下去的问题，如果对婚姻抱有对错期待，当然怎么选都不幸福，怎么选都觉得自己的选择是错的。

正如你在魔术师面前，想猜中哪个空杯有球，永远猜不中的原因是：杯子本都是空的，球在魔术师手中，他想秀出哪个杯子有球，在翻开的刹那，才会把球放进去。

与其执着于猜中是哪个杯子，倒不如自行把球放进你选择的杯子，告诉自己的确猜中了，自欺欺人，日子才有办法过下去。

看过一个非常传神的形容，说道，婚姻是什么？婚姻就是吵架冲出了门，回家时还顺道买了个菜。

婚姻重要的不只是将错就错，还能练就看不见错，或者是借由生活琐事忘掉那些错。

其实，将错就错不是件坏事，更不是件难事，只要另一半让你甘愿一错再错。

我认识一对夫妻，可说是跌破旁人眼镜的组合。

夫妻两人的脾气都相当火爆、作息完全相反、饮食习惯大相径庭，连最基本的金钱观念都天差地远，可是结婚几年来倒也相安无事。

有朋友好奇他们的相处之道，先生说，其实他们常常为了生活细节吵到屋顶几乎被掀开，过去也曾想过要离婚，但两人间一个小转变，竟成为婚姻的转折点。

先生说，打电动是两人吵得最凶的事，他认为打电动是他最大的嗜好，而太太则不喜欢他为了打电动废寝忘食，经过多次争执沟通之后，太太不再逼先生关机，转而要求先生必须记得把摆在桌上的饭菜吃掉。

太太说，吃饱了，才有力气打。

据先生表示，听到这句话的当下，让他感动莫名，在这之后，就算还是会为了其他事吵架，他也没有再动过离婚的念头。

旁人看来芝毛蒜皮的小事，却是一桩婚姻得以维系的关键命脉。

未婚的人，总以为找到对的人，就能拥有幸福美满的婚姻，坦白说，根本没有所谓对的人，只有能否禁得起磨合的伴侣。

哪怕两人性格天差地远，一旦摸索到双方磨合的交集点，在那最关键的地方，能够彼此包容，就值得你对他其余缺点睁一只眼、闭一只眼，也会让你心甘情愿为他一错再错、将错就错地维持这段婚姻。

　　法国作家蒙田（Michel de Montaigne）说过：美好的婚姻是充耳不闻的丈夫和视而不见的妻子。

　　说穿了，一桩婚姻的状况，唯有身在其中的人有资格评价，你说它错就错，你说它不错就不错，错的日子是一天，不错的日子也是一天，你犯不着跟自己过不去，有时睁一只眼闭一只眼不是纵容对方，而是给自己的强效安慰剂。

　　下定决心要离婚，就别迟疑，才有机会遇到一个让你甘愿一错再错的人；否则，最好懂得将错就错的艺术，白头偕老就不是件难事。

幸福的婚姻各种各样，曾经爱得你死我活并不稀罕。难得的是，激情退却、时光荏苒，依旧为对方点赞，依旧觉得一切是最好的安排，一切是最佳的选择。

附录
默安的爱情箴言

◎面对爱情，先勇于承认自己的无能，会变成勇敢；不愿意承认，就成了愚蠢。

◎能让爱情之火烧得炽热、烧得长久，最有效的柴薪不是幸福，而是磨难。

◎拿别人的劣根性折磨自己，却用对方的优点折磨彼此，要求他好还要更好，哪一天他出了差错，你就穷追猛打，再深刻的了解都变成糟践。

◎人可以为了心爱的人变得坚强，却也会懦弱，害怕失去眼前的幸福。人一懦弱，就会选择妥协，在感情里最常见的妥协，就是说谎，以及相信谎言。

◎你以为最痛的，就是选择原谅他的时刻，事实上，最教你生不如死的，就是原谅之后的漫漫长路。

◎每个人都知道爱情必须付出，但也有太多人将付出曲解为可怜兮兮的牺牲奉献，尤其女人，女人不怕吃苦，只怕男人不知道自己有多苦。

◎如果说，第三者是睁着眼睛硬往火坑跳，宁可遍体鳞伤也要爱上一回；那其余女人就是捂着双眼往悬崖爬，边爬还要边欺骗自己天堂就在不远处。

◎爱情里必然包含着心疼与不舍，但是心疼与不舍中，未必带有真正的爱情，更多时候，只剩下愧疚。

◎也许面对爱情时，每个人心中免不了有些许算计，但很多人会忘记，更多时候，爱情需要的是运气，不是算计。

◎爱情若没有这些拉扯与丑陋，似乎也就不够深刻了，于是爱不只是幸福，也是磨难。

◎不爱你的男人就像呼吸器，仅能供你维持心跳，却不能带给你幸福与慰藉，比死还不如。

◎自以为了解而产生的成见，导致了最大的绝望。把彼此看得太透彻，幸福反而就模糊了。

◎恋爱就像是一场冒险，处处充满挑战，时时都能激发荷尔蒙；婚姻像是一项实验，每次重复着相同的动作，却未必能有令人惊喜的新结果。

◎若不曾心动，那份感动只是伪装，甚至，只是一份怜悯。

◎女人总认为有忠诚，就有爱情；对男人而言，有了爱情，他们才可能忠诚。

◎唯有坚实丰富的爱情，才能生出忠诚；飘摇脆弱的爱情，只会产出接二连三的背叛。

◎世上没有任何困境会因为爱情而自动消失，通常都是为了继续爱，硬着头皮闯过去。

◎同情心，用在别人身上，叫作慈悲；用在自己身上，就成了可悲。只有可悲的人才需要同情，当人开始同情自己，就意味着自视为可悲的受害者。

◎真正的幸福，不是没有吃过任何苦头，而是再苦再累两人还坚持携手走下去。

◎快乐，是包裹在爱情外层虚幻的糖衣，最易消逝；磨难，才是一段爱情真正的主调。

◎生而在世，人最忌讳没有自知之明，多亏跟人渣爱过一场，你总算明白自己有几两重。比起那些只懂哄你、宠你的男人，人渣给你上了最宝贵的一课。

◎当一个男人跟你玩暧昧，或者是只愿意跟你玩暧昧，就代表他根本不够喜欢你。

◎男人对你说谎，是因为还爱你，还想留住你，而若是你还想与他继续相恋，你就得听信他的谎言。

◎有时你最爱一个人，但这段感情有着最无力克服的现实，不懂事的男人要拖着你一起面对，让你煎熬；懂事的男人知道该放手，可你更痛，为什么这段感情他说了算。

◎男人很自私，他们想找个愿意一起吃苦的女人，却又希望女人吃了苦，还能笑得跟公主一样幸福。

◎牺牲的人看似很伟大，实际上最自私，他用他的牺牲拖住另一方，让你就算往后过得快乐也无法安心。

◎当一个人的付出源自于亏欠时，就是爱情死亡的时刻，爱情不再是两情相悦的付出，只是陈年旧债的偿还。

◎要是在分手之后，男人还接受了你的身体，除了抱着玩玩的心态之外，更悲哀的是，他想借此彻底打发你。

◎你可以栽培爱人，但别忘了也要灌溉自己，他好，你就要比他更好一点点，他不至于自惭形秽，却又深信唯有你能扶持他到更好的地方。

◎世界上最没办法算计投资报酬率的，就是感情，许多时候，总是付出全部的人，到后来一无所有；将自己欲望摆在第一的人，却笑得最灿烂。

◎爱情当然是世界上最美好的事物，可前提是，它不能那么绝对的纯粹梦幻，否则，就只会是一场令你对爱情绝望的灾难。

◎在好感萌芽的开端，人总是盼望着对方好，仿佛只要能够全心全意爱着他便已足够，但有太多人到后来，是为了被爱而去爱人。

◎爱情本就是一场喃喃自语的独角戏，舞台上出现了另一个人，不代表他就有责任陪你一起把戏演得圆满。

◎当男人如同尸体般任你摆布时，那意味着对他来说，这段感情不值得他用真心与灵魂去经营。

◎与错误的人相恋，就像一笔巨额的刷卡消费，买来短暂的幸福快乐，但继续下去的不幸爱情，则像是信用卡的循环利息，永远没有缴清的一天，利息只会愈来愈重，压垮你的人生。

◎试图感动一个已经不爱你的人，仅会让你更加确认对方已经不可能重新爱上你，你做得再多、再累，在他眼中都是白忙一场，徒增他的厌恶罢了。

◎一段错误的爱情中，往往没有纯粹的被害人与加害人，大多是双方各自被错误恋情的不幸压得喘不过气，谁先崩溃，谁就成了加害人。

◎再好吃的糖，吃多了也会腻口，感情再幸福，久了也不免索然无味；然而磨难太多太久，爱情也会变成不甘心或执着。

◎大部分的女人想靠肉体关系确认一段关系，男人则想靠确认一段关系来维持肉体关系。

◎执意与一个不爱你的男人相拥,会让你逐渐成为植物人。

◎不愿勇敢去爱,或许真的不会再遍体鳞伤,但也不可能再尝到幸福的滋味。